丛书主编

王大明　刘　兵　李　斌

编委会成员

（按姓氏音序排列）

陈印政　柯遵科　李　斌

李思琪　刘　兵　曲德腾

孙丽伟　王大明　吴培熠

杨可鑫　杨　枭　张前进

核能丰碑自铸成

中华科技英才 I

曲德腾　李　斌　编

中原出版传媒集团
中原传媒股份公司

大象出版社
·郑州·

图书在版编目(CIP)数据

核能丰碑自铸成：中华科技英才. Ⅰ / 曲德腾, 李斌编. — 郑州：大象出版社, 2021.6（2025.9重印）
（中外科学家传记丛书 / 王大明, 刘兵, 李斌主编）
ISBN 978-7-5711-0872-4

Ⅰ. ①核… Ⅱ. ①曲… ②李… Ⅲ. ①科学家-列传-中国-现代 Ⅳ. ①K826.1

中国版本图书馆 CIP 数据核字（2020）第 248777 号

中外科学家传记丛书

核能丰碑自铸成　中华科技英才 Ⅰ
HENENG FENGBEI ZI ZHUCHENG　ZHONGHUA KEJI YINGCAI Ⅰ

曲德腾　李　斌　编

出 版 人	汪林中
项目策划	刘　兵　李光洁
项目统筹	成　艳　陶　慧　王曼青
责任编辑	陶　慧　魏蕴恬
责任校对	张绍纳
装帧设计	王莉娟

出版发行	**大象出版社**（郑州市郑东新区祥盛街 27 号　邮政编码 450016）
	发行科　0371-63863551　总编室　0371-65597936
网　　址	www.daxiang.cn
印　　刷	河南瑞之光印刷股份有限公司
经　　销	各地新华书店经销
开　　本	890 mm×1240 mm　1/32
印　　张	6
字　　数	126 千字
版　　次	2021 年 6 月第 1 版　2025 年 9 月第 4 次印刷
定　　价	21.00 元

若发现印、装质量问题，影响阅读，请与承印厂联系调换。
印厂地址　武陟县产业集聚区东区（詹店镇）泰安路与昌平路交叉口
邮政编码　454950　　　　　电话　0371-63956290

总　序

马克思和恩格斯合写于 19 世纪 40 年代的《共产党宣言》中，曾有这样一段生动的描述："自然力的征服，机器的采用，化学在工业和农业中的应用，轮船的行驶，铁路的通行，电报的使用，整个整个大陆的开垦，河川的通航，仿佛用法术从地下呼唤出来的大量人口——过去哪一个世纪料想到在社会劳动里蕴藏有这样的生产力呢？"马克思和恩格斯说的那一切，还不过是 19 世纪的景况。到了 21 世纪的今天，随着核能、电子、生物、信息、人工智能等各种前人闻所未闻的科学技术的飞速发展，人类社会面貌进一步发生了翻天覆地的甚至马克思那个年代都无法想象的巨变。造成所有这一切改变的最根本原因，毫无疑问，就是科学技术。而几百年来，推动科学技术发展的直接力量，就是一大批科学家和技术专家。

中国是这几百年来世界科学技术革命和现代化的后知后觉者，从 16 世纪末期最初接触近代自然科学又浅尝辄止，到 19 世纪中期晚清时代坚船利炮威胁下的西学东渐，再到 20 世纪初期对"德先生"和"赛先生"的热切呼唤，经过几百年的尝试，特别是近几十年的努力，已逐渐赶上世界发展的潮流，甚至最近还有后来者居上的势头。例如，中国目前不但在经济总量上居于世界第二的地位，而且在科学研究的多个前沿领域也已经名列国际前茅。最可贵的是，中国已经形成了一支人数众多、质量上乘的科研队伍。

利用科学技术来推动社会经济的发展，中国已经尝到了巨大甜头，科学技术是第一生产力的观点深入人心。从政府到民间，大家普遍关心如何进一步落实科教兴国战略、推动创新促进发展，使中国在科技创新方面更具竞争优势，培养和造就出更多的科技创新人才，使中国在现代化道路上能走得更长远、更健康。

为实现上述目标，一方面需要提高专业科学研究队伍的水平，发扬理性思考、刻苦钻研、求真求实、勇于创新的科学精神；另一方面也需要增强和培育整个社会的公众科学素养，造就学科学、爱科学，支持创新、尊重人才的文化氛围。这套"中外科学家传记丛书"的编辑和出版，就是出于这样的考虑。

通过阅读和学习科学家传记，一是可以更深刻地理解科学家们特别是那些在重大历史转折关头做出了伟大贡献的科学家的科学思想和创新方法，二是可以更鲜活地了解到科学家们的科学精神和品格作风，三是可以从科学家们的各种成长经历中得到启发。

本丛书所收录的200多位中外著名科学家（个别其他学者）的传记，全部都来自中国科学院1979年创刊的《自然辩证法通讯》杂志。该杂志从创刊伊始就设立了一个科学家人物评传的固定栏目，迄今已逾四十年，先后刊登了200多篇古今中外科学家的传记，其中包括文艺复兴时期的欧洲科学家、远渡重洋将最初的西方近代科学知识带到中国的欧洲传教士，当然大部分都是现代科学家，例如数学领域的希尔伯特、哈代、陈省身、吴文俊等，物理学领域的玻尔、普朗克、薛定谔、海森伯、钱三强、束星北、王淦昌等，以及天文学、地学、生物学、计算机科学和若干工程领域的科学家。值得指出的是，这些传记文章的作者，大都是在相关领域学有专长的专家学者。例如：写过多篇数学家传记的胡作玄先生，是中国科学院原系统科学研究所的研究员；写过多篇物理学家传记的戈革先生，是中国石油大学的物理学教授；此外还有北京大学、清华大学、上海交通大学、中国科技大学等多所国内著名大学的教授，以及中国科学院、中国医学科学院和中国科技协会等研究机构的专家。所以，这些传记文章从专业和普及两个角度看，其数量之多、涉及领域之广、内容质量之上乘、可读性之强，在国内的中外科学家群体传记中都可以说是无出其右者。

考虑到读者对象的广泛性，本丛书对原刊物传记文章进行了重新整理编辑，主要集中在如下几个方面：一是在总体设计上，丛书共分30册，每册收录8个人物传记；二是基本按照学科领域来划分各个分册；三是每分册中的人物大致参考历史顺序或学术地位来编排；四是为照顾阅读的连续性，将原刊物文章中的所有参考资料一律转移到每分册的最后，并增加人名对照表。

当前，中国正处在从制造大国向创造大国转变、急需更多科技创新和科技人才的重要历史时刻，希望本丛书的出版对于实现这个伟大目标有所裨益，也希望对广大青少年和其他读者的学习生活有所帮助。

目 录

001
钱三强　中国原子能事业的一座丰碑

015
张贻惠　中国近代物理学家

033
束星北　才华横溢的理论物理学家

055
王淦昌　当代中国杰出的物理学家

083
郭永怀　中国卓越的力学家

111
卢鹤绂　在核能领域中的卓越贡献

123
程开甲　中国的"核司令"

151
钱令希 与中国第一代核潜艇

171
参考资料

176
人名对照表

钱三强

中国原子能事业的一座丰碑

钱三强

(1913—1992)

钱三强，祖籍浙江吴兴（今湖州）。1913年10月出生于浙江绍兴，1992年6月逝世于北京。钱三强在年轻的时候就怀有强烈的爱国热情，曾积极参加"一二·九"爱国学生运动。1936年他于清华大学物理系毕业后到北平研究院物理研究所任助理员，从事分子光谱学的研究。1937年在严济慈教授的鼓励下，考取了留法公费生的留学名额，师从诺贝尔奖获得者约里奥-居里夫妇。钱三强留学期间在量子力学领域进行了深入的研究，取得了重要的进展，并于1940年获得博士学位。他首次发现了原子核三分裂、四分裂现象，并对三分裂现象从理论和试验两方面做出了全面的论述。这一研究成果，使人们对核裂变的认识向前推进了一步，在国际科学文献上写下了重要的一页，也使他一举成为耀眼的科学明星。

一、中国原子能事业的开创者和推动者

1948年，阔别故土11年的钱三强怀着为祖国发展科学的愿望，放弃国外优裕的条件，与夫人何泽慧回到当时灾难深重的祖国。他首先应清华大学理学院院长叶企孙的邀请，担任了清华大学物理系的教授；同时与彭桓武、何泽慧等积极筹建了北平研究院原子学研究所，并任所长，成为国内原子核物理研究的先驱。解放

前夕，钱三强不顾压力和危险，拒绝"南迁"，在北平继续进行研究工作，迎接解放。1949年4月，钱三强便受党中央派遣，以中国代表团团员的身份出席世界人民保卫和平大会。他深谋远虑，临行前便主动约见一位组团的联系人丁瓒，反映自己的一个想法：建议借去巴黎开和平大会之机，带些外汇（约20万美元）转请约里奥-居里采购些紧缺而不可得的开展原子核科学研究的某些仪器设备和图书资料，以便避开封锁带回国内，日后开展研究应用。这一建议为周恩来所采纳。后来，核物理学家杨澄中回国时，约里奥-居里让其带回了钱三强托买的图书资料。这些资料在中国开展原子能研究的早期发挥了应有的作用。从这一细节可以看出，钱三强极具战略眼光，很早就预见了中国要发展原子能，并为中国的原子能事业提前做了准备，不愧为中国原子能科学事业的创始人和先行者。

1949年11月，钱三强被任命为中国科学院计划局副局长。这个局当时的首要任务便是接收旧的研究机构和提出调整工作方案。钱三强出于职业的敏感性，上任伊始就为建立新的物理学机构而奔走呼号。在他的努力下，中国科学院近代物理研究所于1950年5月正式成立了。钱三强开始任副所长，次年便升任所长。在研究所成立前后，钱三强殚精竭虑，求贤若渴，广揽人才。两三年内，这个研究所便获得飞跃发展。国内外风闻它将成为新中国核物理研究中心，这方面的人才纷纷会集北京。彭桓武、王淦昌、朱洪元、赵忠尧、杨澄中等就是这时在他的邀请下加入研究所的。钱三强借此实现了物理科研力量的统一组合，也完成了自己回国初期的夙愿。

1955年,我国国民经济好转。由于新中国成立伊始便处在东西方两大阵营严重对峙的国际格局中,国家安全和独立自主成为时代的主题,威慑性武器的研制势所必然,党中央需要把战略目标集中到新兴的尖端科技上。1月15日,毛泽东主席亲自主持召开中央书记处扩大会议,专门研究原子能发展问题,做出了建立和发展中国原子能事业的战略决策,从此中国开始了核武器研制的秘密历程。这次会议被视为中国核工业建设之肇始,更重要的是,国防科技专家和军事技术专家开始成为中国当代科技殿堂的主角。在这次会议上,钱三强被邀请做关于原子能研究情况的汇报,他用自己的智慧为党中央确立发展原子能事业的决策提供了重要的依据。1956年我国成立了主管原子能事业建设与发展的三机部(1958年改为二机部),钱三强被任命为副部长,他是这个部的领导班子中唯一学过核科学的人,其肩负的使命和重任可想而知。同年,研制原子弹被列入中国"十二年科技规划"。1958年,中国科学院物理研究所改名为原子能研究所,这是我国第一个原子能研究所,钱三强众望所归地成为第一任所长。从此,他把全部精力用在了我国原子能事业发展中。

奥本海默因在美国原子弹研制中的独特作用,被誉为美国的"原子弹之父"。有人说钱三强是中国的奥本海默。中美两国情况不同,不可机械地比喻。但是,他确实为中国的原子能事业的发展做出了卓越的贡献。这一点他是当之无愧的。可以毫不夸张地说,在我国的核武器研制及原子能研究事业中,他是最关键、最重要的技术领导人。他在技术决策、科技人员选调、部门协调、技术攻关、技术与人员管理等各个方面都做了大量工作,做出了杰出贡献。其实,钱三强在中国"两弹"[1]事业中所占的分量相对奥本海默之于"曼哈顿工程",可谓有过之而无不及,两人献身本国国防的持久性与积极性更不可同日而语。美国"曼哈顿工程"是在爱因斯坦、西拉德等以宏观战略家的建议推动罗斯福决策后,布莱特负责该计划难以为继时,改由奥本海默组织实施的。钱三强则自始至终参与中国"两弹"工程,其参与途径各式各样:他列席了毛泽东主席主持的中央书记处扩大会议,在会上承担解说员的任务,为最高领导层讲解原子能的有关问题,起到了战略咨询作用;中央决定发展本国核力量后,他又成为发展我国核力量规划的制定人;三机部成立后,他是这个部的副部长,成为政府高级行政干部,不遗余力地抓原子能科学技术组织工作;同时他还领导了一个研究所,这个所成了中国研究原子核科学技术的基地,为中国原子能事业真正做到了"满门忠孝";更重要的是,他回国后还培养和选拔了一批从事原子核科学的人才,为发展核科学技术准备了力量。单从其中的任何一点来说,钱三强便可在中国当代科技史上彪炳千秋,也可以毫不逊色地跻身于中国当代最耀眼的科学明星之列。表1便是笔者总结的钱三强在中国原子能事业中创下的多个第一,从这里我们可以窥见这位科学老前辈为我国原子能事业立下的不朽功勋,也以无可争议的事实证明了钱

---

1 本文的"两弹"指"原子弹和氢弹",不同于"两弹一星"中的"两弹"。

三强是我国原子能事业的创始人和积极推动者。

表1 钱三强在中国原子能事业中创下的第一

时间	内容
1952年10月	在中国科学院近代物理研究所主持制定了中国发展核科学的第一个五年计划（1953—1957）
1955年1月15日	应邀列席中共中央书记处为发展原子能事业而召开的第一次最高决策会议，并做汇报
1955年5月	邀请胡济民、朱光亚、虞福春成立了第一个正规培养原子能科技人才的机构——近代物理研究室，并从翌年3月开始选拔第一批大学高年级学生，进行原子能专业培训
1957年12月	组织和领导建成中国第一台高压静电回旋加速器
1958年6月	任中国第一个比较完整的、综合性的核科学技术研究基地——中国科学院原子能研究所首任所长
1958年6月13日	组织和领导建成中国第一座原子能反应堆
1967年6月17日	作为技术上的总设计师、总负责人，创造了世界上核武器发展最快的速度

二、中国"两弹"工程中的组织者和协调者

中国"两弹"工程是在大科学背景下诞生的重大国防科技工程，这一工程参加人员之多，涉及领域之广，史无前例。这么庞大的工程能在当时取得成功本身就是一个耐人寻味的事情。而这项工程最让人尤其是外国人难以置信的是其进展速度之快。直到现在，很多人仍热衷于研究其成功的原因所在。

李政道指出："中国'两弹'技术之所以能够迅速发展，从大的方面讲，是因为国家最高层的果断决策、强有力的组织领导，是

因为全国人力资源、物质资源的集中使用和大力协作；而最直接的原因则是因为组织了一支很了不起的科学家团队，是他们完成了'两弹'科学技术的攻关。"这个杰出团队几乎包含了中国当时所有的核物理学家，如钱三强、朱光亚、王淦昌、彭桓武、邓稼先、周光召、于敏等一批中国当代耀眼的科技明星，而他们中的领军人物正是钱三强。上面列举的每一个人都堪称科技帅才，钱三强无疑可冠为众帅之帅。他身为二机部副部长兼中科院副秘书长，承担着各种有关技术协作项目的具体组织领导工作。20 世纪 60 年代，中央加大了研制原子弹的工作力度，特别是 1960 年中共中央批准从全国各部门、省市选调一批高中级科技干部加强核武器的研制工作，中国科学院调动了全院超过四分之一的精锐力量从事有关原子能的各项工作。根据中国科学院和二机部党组的安排，钱三强负责组织部院重大任务的协作。1961 年 7 月，中共中央发出了《关于加强原子能工业建设若干问题的决定》，1962 年成立了中央专门委员会加强对原子能事业的领导。毛泽东主席也批示"要大力协同，做好这件事"。在这一史无前例的大协作中，钱三强更是如鱼得水，充分展示了自己作为科技帅才的领导和组织才能。他除了继续致力于原子能所的学科建设，还调整了所内科技力量为二机部的一线任务服务。为解决当时正在建设的气体扩散工厂首批六氟化铀供料问题，他组织了生产工艺攻关，为扩散机的核心元件分离膜安排了预研。他在原来已经在院内为原子弹和核潜艇的研制布好点的基础上，又安排了一批氢弹设计所需的理论和实验课题，还安排了核武器所需的轻重核材料制备的工艺研究，以及为核工业服务的辐射防护研究等。

在原子弹研制的每一个重要关头，钱三强严密组织、精心布置、协调有方，排除了"两弹"研制中遇到的一个个拦路虎。中国核武器发展速度之所以如此之快，与钱三强的组织严密、协调有方有很大的关系。如他在核武器研究所攻克原子弹理论的同时，本着做些预期准备、先行一步的考虑，在原子能研究所组织黄祖洽、于敏、何祚庥等一批理论物理学家成立了一个轻核反应装置理论探索组，以配合二机部核武器研究所开始对热核材料性能和热核反应机理进行探索性研究。如果说中国的核物理研究这项事业在规划上有什么特色的话，从一开始就从布局上抓了理论物理，这应该是引人注目的一着棋，是中国发展原子核科学的一大特色。诚然，如果把原子弹比作一条龙，那么原子弹的理论设计就是龙头。一位实验物理学家如此重视理论研究，是难能可贵的。其实，这还只说到了一点，钱三强考虑到理论与实验结合的必要性，在成立了轻核理论组后即在原子能所又成立了一个轻核反应实验组，以轻核反应数据的精确测量来配合和支持轻核理论组的工作。这就更让我们不能不佩服他的远见卓识了。

钱三强除了在宏观布局上令人拍案称奇，在具体攻关项目把握轻重缓急上亦有很多高明独到之处。被王淦昌视为原子弹研制过程中最关键性的工作——合适点火装置，就是钱三强组织王方定及其研究小组研制成功的。1961年，钱三强把年轻的王方定工程师请到自己的办公室，交代他制备强中子源，为原子弹点火做准备，并将自己从法国带回的放射性废渣原料交给了王方定。在物理学家何泽慧的指导下,王方定小组的青年科技人员不负众望,经过几个月的奋战,进行了两百多次实验,终于解决了点火装置问题。原子弹另一个与点火装置同样重要的是扩散分离膜,它被视为整个原子弹原料(铀235)生产中最机密的部分,而这一研究任务的完成更是凝结了钱三强无数的心血。1960年8月,根据二机部领导成员的分工并在中国科学院等有关部门的大力支持下,钱三强在北京约见了上海冶金研究所党委书记郑万钧、粉末冶金学家金大康和金属材料学家邹世昌,亲自下达了研制"甲种分离膜"(代号为"真空阀门")任务。接着,他让原子能所负责该项目科技攻关小组的钱皋韵等一起介绍和分析有关分离膜元件的具体技术要求;同时,将该项目分别布置给了复旦大学和沈阳金属研究所。以后,钱三强一直密切关注这一关键环节的研制并多次主持召开协调会,交流情况,解决问题。如1961年11月,他同中国科学院副院长裴丽生在上海衡山宾馆主持会议,检查落实"分离膜"的研制任务;会后即根据有关方面提出的问题向上海市委书记柯庆施通报了情况,要求上海市负责组织协调,大力协同攻关,使工作得以顺利开展。1963年秋,在物理冶金学家吴自良的主持下,经过艰苦探索和反复试验,终于研制成功。我们认真回忆"甲种分离膜"的研制过程可以发现,钱三强不但出了题目,而且自始至终领导关心这一课题的研制进程。对于这一点,张劲夫1999年5月的回忆文章在讲到完成"真空阀门"研究任务时写道:"所幸的是,这些我们早就有准备了,(指'真空阀门'。——作者注)是钱三强出的题目,出题目很重要。"

三、中国原子弹工程人才选拔的伯乐

人才开创事业，事业需要人才，自力更生研制原子弹最关键的因素无疑是人才。但"千里马常有，而伯乐不常有"。中国进行"两弹"工程时，人才的因素基本具备了，中国此时已有一定的中坚力量、相关的研究机构、相当水平的科研成果和有限的实验设备与图书资料，但是怎样去发现这些人才并把他们提拔到重要岗位是至关重要的问题。中国"两弹"工程选择钱三强是幸运的。他不仅是中国"两弹"工程的奠基者和卓越领导者，同时他用科学大师的慧眼为中国原子能事业的持续发展挑选了一大批担当大任的骨干人才。后来的实践证明，他提名或推荐的这些当时看来是科技界的"中"字辈在中国原子能事业中起到了举足轻重的作用，他们中有些身居中国核武器研制的关键领导岗位，为中国"两弹"的研制和发展做出了杰出的贡献。

钱三强的慧眼和卓识，首先表现在他善于选贤任能上。在科技界，钱三强的"知人善任"是出了名的。几乎每一个熟知他的人，都为他这种"独具慧眼"的能力所折服。他提名推荐年仅35岁的朱光亚担任中国研制核武器的科学技术领导人就是一个突出的例子，一时被传为佳话。钱三强也一直将此作为他人才选拔中的得意之作并引以为豪。时隔20多年后，他发表文章谈如何培养选拔"带头人"时，就欣慰地回忆起这件事。钱三强这样写道："他（指朱光亚）还属于当时科技界的'中'字辈，仅三十五六岁，论资历不那么深，论名气没有那么大。那末，为什么要选拔他，他有什么长处呢？第一，他具有较高的业务水平和判断事物的能力；第二，有较强的组织观念和科学组织能力；第三，能团结人，既与年长些的室主任合作得很好，又受到青年科技人员的尊重，因而他可以调动整个研究室力量支持新成立的设计机构；第四，年富力强，精力旺盛。实践证明，他不仅把担子挑起来了，很好地完成了党和国家交给的任务，作出了重要贡献，而且现在已经成为我国国防科学技术工作的能干的组织者、领导者之一。"这些精辟的分析和论述，对我们今天选拔人才仍具有指导和借鉴意义。

早在朱光亚之前，钱三强就推荐后来的"两弹元勋"邓稼先参加筹备核武器研究所，并担任理论部主任。邓稼先成了该所第一个有高级职称的研究人员。1958年以来，邓稼先组织领导开展了爆轰物理、流体力学、状态方程等理论研究，对原子弹的物理过程进行了大量模拟计算和分析，从而迈开了中国独立研究设计核武器的第一步，被称为"两弹元勋"。对此，杨振宁都称赞钱三强当初聘请邓稼先"可谓真正有知人之明"，可与格罗夫斯聘请奥本海默的功绩相媲美。其实，钱三强推荐的人何止上述两人。1999年国务院、中央军委授予23人"两弹一星功勋奖章"，这23人中，为成功研制出原子弹、氢弹做出贡献的有钱三强、朱光亚、王淦昌、彭桓武、郭永怀、邓稼先、周光召、于敏、程开甲和陈能宽等10人，我们可以通过研究发现，除了钱三强自己，其中绝大多数人之所以能走上为原子能事业做贡献的岗位，其过程都凝结着钱三强识才、辨才的艰辛。王淦昌、彭桓武和郭永怀是在苏联撤出专家后，钱三强找他们谈话，经周恩来同意并于同一天到核武器研究所上班的。程开甲是由钱三强提议，经时任总书记的邓小平批准，由南京大学调往北京参加原子能事业的。著名物理学家周光召，以基础科学家的身份投身技术科学研究领域，解决了原子弹研制、试验中的许多关键问题，成为对中国原子弹爆炸贡献最大的科学家之一。可是，也许很少人知道，当时周光召"海外关系复杂"，即便在普通部门工作也会受到各种不公，但是钱三强通过何祚庥了解了他的能力后，承担起政治责任，毅然起用。另外，如原子能所有名的"老运动员"于敏，由于他成天沉迷于科研，不是"又红又专"，钱三强还是不拘一格降人才，让他从事氢弹的预研工作。正如有的学者指出的那样："保护于敏，保护理论物理组不被解散，钱三强尽了最大的努力。"最后，周光召和于敏都在原子弹研制中立下了汗马功劳，成为"两弹一星"的赫赫功臣。为了对钱三强的选才、荐才工作有个概貌的了解，本文给出了一个简约的统计资料如下：

表2　钱三强推荐、选拔的人才

姓名	专业	推荐、选拔简要过程	参加时间	所任职务
邓稼先	理论物理	向二机部推荐邓稼先参加核武器研究所筹备工作，使其成为来所工作的第一位高级研究人员	1958年7月	核武器研究所理论部主任
朱光亚	中子物理	受宋任穷部长委托，给核武器研究所物色的技术领导人	1959年7月	核武器研究所副所长
程开甲	固体物理	根据形势需要，向二机部推荐并经邓小平批准，由南京大学物理教研室调入核武器研究所	1960年3月	核武器研究所副所长

（续表）

姓名	专业	推荐、选拔简要过程	参加时间	所任职务
于敏	理论物理	亲自安排到核武器研究所新成立的轻核理论组进行探索性研究	1960年秋	核武器研究所理论部副组长
周光召	理论物理	亲自拍电报向刘杰部长推荐周光召到所参加理论研究，并出面到北京大学商量协调调动	1960年11月	核武器研究所理论部副主任
王淦昌	实验物理	苏联撕毁合同后，由钱三强积极推荐并得到批准，由原子能研究所调入核武器研究所	1961年夏	核武器研究所副所长
彭桓武	理论物理	与王淦昌同时被推荐，同天到所报到	1961年夏	核武器研究所副所长

四、结语

钱三强是国内外享有盛名的优秀核物理学家、德慧双馨的科技大师。他从事核物理研究40多年，成绩卓著、贡献斐然。新中国成立后的30年中，他为原子核科学的建立和培养人才，为我国原子能科学事业的开创和发展，做出了重要贡献，解决了我国"两弹"发展中的一系列关键性难题。他是我国"两弹一星功勋奖章"获得者，长期担任主管核武器研制的二机部副部长和原子能研究所所长，是我国发展核武器的组织协调者和总设计师，科技界卓越的领导人。正如有的学者指出的："三强同志的最大贡献，是在新中国开拓了原子能这一重大科技领域。"他用执着探索的一生，为中华民族的原子能事业奠定了宝贵的基础；用卓越的领导才能，精心组织了成百上千的杰出科学家和工程技术人员进行了"两弹"研制；用科技帅才独有的慧眼和卓识，为祖国原子能事业挑选了可靠的攻坚力量。其博大胸怀、人格魅力，无不令人缅怀追忆，心驰神往。在我国现代科技发展史上，钱三强树立起一座不朽的丰碑，值得我们永远铭记。

（作者：黄松平　朱亚宗）

张贻惠

中国近代物理学家

张贻惠

(1886—1946)

一、引言

明末清初,近代物理学开始传入中国。进入 20 世纪,物理学在中国生根发芽,并逐渐繁荣。这与许多物理学家的努力是分不开的,其中包括物理学家张贻惠。张贻惠是我国近代著名的物理学家、教育家,他在我国近代物理学界和教育界有较高的声望。从目前的国内文献来看,主要有陈毓芳的《物理学家张贻惠》和《张贻惠——率先在国内高等院校开设原子物理学》,较全面地介绍了张贻惠的生平、科学成就及其在教育方面的贡献,还着重描写了张贻惠对北京师范大学的贡献,但在张贻惠的思想方面的研究以及对中国物理学会的贡献等方面还有些不足。此外,王士平主编的《中国物理学会史》中简单介绍了张贻惠在创立和筹办中国物理学会中的贡献;还有一些书提及张贻惠某一方面的贡献,例如《北京师范大学校史》和《西北大学校史稿(解放前部分)》就涉及张贻惠对北京师范大学和解放前一段时间内的西北大学的贡献;另外还有,闻黎明在《1921 年清华学生"同情罢考"事件》中提到了张贻惠曾经在请愿中受伤,戴念祖的《我国第一个物理学博士李复几》和美国学者马祖圣编著的《历年出国/回国科技人员总览(1840—1949)》都记述了张贻惠是我国较早出国学习的科技人员之一。综上所述,目前学界对于张贻惠生平的研究相对较少。本文在前人研究的基础上，对张贻惠生平及主要工作进行了深入梳理，以往学界对张贻惠逝世的具体日期并不明确，本文查阅了大量的资料，确定了张贻惠逝世的具体日期；在张贻惠的科学成就方面，着重强调了张贻惠对物理学会的贡献。

二、生平述略

张贻惠，字绍涵，1886 年生于安徽省全椒县。他的父亲是进士，当过内阁中书，因此可以说张贻惠生在书香门第。这种家庭环境为张贻惠创造了良好的学习氛围，再加上他自小就聪明伶俐，因此他在 13 岁的时候就中了秀才。巧的是，这年中国开展了轰轰烈烈的维新运动，加上之前洋务运动的影响，中国出现了一批新式学堂，中国的知识分子们也开始接受西方先进的科学知识。这样的社会背景对张贻惠日后所选择的人生道路及他所取得的成就产生了一定影响。

张贻惠 15 岁那年去南京参加乡试，恰巧赶上江南高等学堂招生，他便通过考试进入该校学习。经过两年的学习，由于学习成绩优秀，在 1904 年，他获得了一次公费留学日本的机会。这是由南京一些政界人士募集经费，专门选拔优秀的安徽籍学生赴日深造，这些学生也是安徽第一批公费留学生。获得此次机会的一共只有 10 个人，张贻惠就是其中之一。

由于这一契机，张贻惠成为近代中国较早出国学习物理的人，在 20 世纪的第一个 10 年里，出国学习物理学的学生只有张贻惠、何育杰、夏元瑮、李耀邦、胡刚复等少数人。到了日本后，张贻惠经过一年半的时间学习日语，之后便考入日本东京高等师范学校学习数学和物理，后又进入京都帝国大学学习，获理学学士学位。后于1914年回国，并于1915年起在北京高等师范学校（北京师范大学前身）任教，讲授物理学、数学、化学等课程，同时兼任北京大学、北京女子高等师范学校、北京农科大学、北京医科大学等校教授。1922年赴美国芝加哥大学研究院从事研究工作，1923年曾到英、法、德等欧洲国家考察教育，1924年回国任国立北京师范大学数理系教授兼系主任，后又于1925年10月任国立北京师范大学校长。

张作霖于1927年6月自称安国军大元帅，在北沟沿顺成王府设立大元帅府，来到中南海怀仁堂就职。他先仿照孙中山先生的先例，称为"大元帅"，请刘哲出任了当时中华民国教育总长兼京师大学堂校长、京大美专部学长。同时张作霖下了一条特殊命令，让刘哲执行，就是合并"国立九校"为京师大学校，由刘哲兼任校长，任命胡仁源、张贻惠、毛邦伟、孙柳溪、林修竹等为各院院长。由此，1927年8月，奉系军阀政府将北京九所国立高等学校合并为国立京师大学校，北京师范大学改称为京师大学师范部，张贻惠任师范部学长。

1928年6月，北洋政府后期，因军阀连年混战，官僚贪污，教育经费长期拖欠，丝毫没有保证。随着北伐胜利，军阀垮台，奉系军阀撤出关外，南京国民政府派阎锡山军队接管京、津，宣布北伐成功，全国统一。国民党势力到达京津一带，国民党政府把教育上的大学区制推行到北方,将北平九所国立高等学校合并为北平大学,原北京大学改为国立北平大学北京大学院,原北京师范大学改名为国立北平大学第一师范学院,张贻惠任第一师范学院院长。此后,张贻惠应南京中央大学校长张乃燕的邀请,就任中央大学教育政治院高等教育处长和物理系主任、副教授。但几个月后,在广大教师和学生的强烈要求下,他又重新回到国立北平大学第一师范学院任院长。张贻惠与同事和学生一起要求学校独立。1929年,北平大学改组,国立北平大学第一师范学院改名为国立北平师范大学,张贻惠于1929年8月至1930年2月担任该校校长。1930年至1933年期间,他同时在北平大学和北平师范大学任教。1933年,张贻惠被教育部任命为北平大学工学院教授兼教务主任和工学院院长。他为了集中精力从事校务管理,辞去了其他社会兼职。

1937年"七七事变"发生后,不到一个月的时间,北平、天津相继沦陷,北平再也没有之前那样的和平环境供广大师生学习,为了保存和坚持中国的高等教育事业,不致受日本人管制,不成亡国奴学校,不受奴化教育,广大师生纷纷要求内迁。当时张贻惠积极带领着北平大学工学院的广大师生西迁,同时北平师范大学、北平大学、天津北洋工学院、北平研究院等院校也纷纷迁往陕西。这几所高校在陕西西安合并组建国立西安临时大学,后又于1938年4月改名为国立西北联合大学,张贻惠出任西北联合大学物理学系主任。1939年国民政府行政院决定将国立西北联合大学改为国立西北大学,并将原有师范学院独立为国立西北师范学院,于是原西北联合大学师范学院独立为国立西北师范学院(后更名为西北师范大学），校址设于城固（今陕西省汉中市城固县），张贻惠出任教务长，并讲授数学、物理等科目。城固县地处偏僻、物资缺乏，再加上当时正处于抗战时期，民族危机和国民政府的腐败造成教师的薪金较低，生活条件较为恶劣，但张贻惠在最艰难的日子里始终坚守在自己的岗位，向广大学生传授科学知识，陪伴国立西北师范学院广大师生度过最艰难的日子。虽然条件艰苦，张贻惠也一直坚持，直到 1940 年，他奉命调到南京国民政府经济部，就任技正一职，"次年调任参事，对后方建设多有建议"。1946 年，中国的抗日战争已经取得了胜利，国民政府当局准备接收北方各省，于是便委派张贻惠"视察冀、热、察、绥及东北各省工业状况"。可不幸的是，他所乘坐的飞机于 7 月 12 日在济南坠毁，张贻惠以身殉职。为此，西北大学的师生们在城固校址万般悲痛地为他举行了隆重的追悼会。在追悼会上，其弟张贻侗[1]悲痛地讲，张贻惠"毕生治学，半生讲学，桃李遍寰区，此日同悲耆旧谢；爱弟则友，诲弟则师，仪型思往昔，人间赖有父兄贤"。

三、投身科学

张贻惠在力学、光学、原子物理学等方面有着较深的造诣。他较早在中国高等院校开设原子物理学，向热爱科学的学生们传授原子物理学，他还积极参与筹办中国物理学会。张贻惠是 20 世纪上半

---

[1] 张贻侗（1890—1950），字小涵，安徽全椒人，早年留学英国伦敦大学，获理学学士学位。历任北京大学、北平大学、北平师范大学教授，北平师范大学理学院化学系主任。

叶中国物理学界一位有影响的物理学家、教育家，他对中国近现代物理教育做出了突出贡献。这些贡献包括筹办中国物理学会、统一度量衡、投身中国科学普及工作等。

1. 积极参与筹办中国物理学会

自清末戊戌变法以来，近代中国的物理教育有了一定发展，且于1918年在北京大学建立了中国的第一个物理系。但由于当时中国的一些特殊环境，全国没有一个正式的物理学术交流活动组织，不能为研究者提供一个交流物理学进展的学术平台，对物理学在中国的发展存在不利影响。

1931年，设在瑞士的国际联盟派遣了一个由4人组成的国际教育考察团来到中国，考察中国的教育现状。在这4人中有一位法国著名物理学家和社会活动家，名叫朗之万，他在考察中国的教育的同时，也很关注中国物理学研究与教育的发展。在北平的物理学者们为他举行的欢迎宴会上，他建议中国的物理学工作者们联合起来，成立中国物理学工作者的组织——中国物理学会。中国物理学会成立的目的就是方便中国的物理学工作者们出版自己的研究成果，交流物理学研究与教学经验，最终促进中国物理学的发展。在朗之万的建议下，中国的物理学者们开始积极筹办物理学会。1931年11月1日，北平物理学界众多学者们开始倡导创办中国物理学会，他们是张贻惠、夏元瑮、叶企孙、吴有训、周培源、萨本栋、严济慈、王守竞、文元模、谢玉铭、丁绪宝等人，他们发函给国内的物理学界的同仁，并要求他们作为发起者。

1932年8月23日，代表们在北平清华大学科学馆召开了中国物理学会的成立大会，并在之后召开了年会。在这次年会上，张贻惠成为9名评议员当中的一员，其他人还有李书华、叶企孙、胡刚复、丁燮林、吴有训、严济慈、萨本栋和王守竞。当时中国物理学会还成立了理事会下辖的3个委员会，分别是物理学报委员会、物理学名词审查委员会、物理学教学委员会，张贻惠在物理学报委员会和物理学名词审查委员会都担任有职务。1932年，在中国物理学会成立之初，为了方便学者们的学术交流，创办了《中国物理学报》，并设立了《中国物理学报》编辑委员会，张贻惠与张绍忠、周培源、胡刚复、严济慈、丁燮林、王守竞、吴有训、饶毓泰担任编辑委员会委员；张贻惠同时还与萨本栋等人一起担任物理学名词审查委员会委员。

2. 对统一度量衡工作做出努力

张贻惠为近代中国度量衡的统一做出了积极贡献。1913年，中国农商部颁布《度量衡法》，逐步取消营造尺库平制[1]，开始采用米突制[2]。米突制的使用在中国科学界已不成问题，但在翻译名称上，由于我国文字的关系，难以统一，推行上有很大困难，《度量衡法》便最终成为一纸空文。1928年7月18日，国民政府又颁布了《中

1　营造尺库平制是在吸收各朝代度量衡制度的基础上，于清朝康熙时期完善形成的。即以100粒黍子纵向排列的长度定为营造尺，为度的标准；又以一定的尺寸定容量，制成漕斛（清时容量单位，民国时取消），为量的标准；再用1立方寸金属的重量为权衡的标准，称为库平。由营造尺、漕斛、库平组成的度量衡制，简称"营造尺库平制"。
2　米突制是以米为长度主单位的国际计量制度。"米突"为法语"mètre"的中文音译，意为"公尺"，现已称"米"，而不再用"米突"这个旧称。

华民国权度标准方案》，内容共两项，计六条。1929年2月16日公布《度量衡》二十一条。1931年12月5日实业部公布《修正度量衡法施行细则》五十四条，使得新制渐渐在全国推广起来。当时统一度量衡成为当务之急，但度量衡名称问题也在这个时期变得明显起来，全国各阶层人士开始热衷于对度量衡名称的讨论，并纷纷将自己的意见刊登在各种刊物上。中国物理学会为此事也上书当时行政院及教育部，陈述命名及定义的关系，从此引发了学术界的一场大争论。张贻惠也积极参与到这场争论中，他系统地、仔细地研究度量衡的产生及其发展历史后，认真分析了我国对米突制的几种翻译，认为"关于我国过去翻译的米突制的名称，约分三种，（一）音译法，（二）造字法，（三）农商部法仍沿用我国尺寸斤两的旧名称，在上面加'公'字区别"。这三种翻译法在张贻惠看来各有利弊，他认为统一度量衡的意义重大：订一较完全之系统，则于实用上、科学研究上将更见整齐划一，"无扞格不通之弊矣"。并且，他还根据国家推行统一度量衡所遇到的困难，提出应该在推行市制上做出努力，最终他还对标准度量衡的命名法提出自己的意见。他的见解和建议对当时度量衡问题的讨论和解决、统一有关名词的工作有积极的意义，获得工程技术界和物理学界的支持与赞同。

3. 积极投身中国科学普及工作

张贻惠不仅拥有深厚的物理功底，还认识到科学普及对提高国民的科学素养、普及科学知识的重要性，于是他投入到物理及各门学科的文化普及与传播工作中。他于1914年回国，当时他还很年轻，有很大的抱负，很想在科学研究上做出一番成就，可当时中国局势混乱，各高校设备欠缺，因此他便不得已将精力都放在教育上。当他认识到中国的落后在很大程度上取决于落后的科学技术知识时，便决定投身于科学普及工作。1932年，国内政治局势较稳定，学术界也渐渐活跃起来，因此他便想翻译或编著几种浅显易懂的科学书籍，让更多的国人认识科学、了解科学。他并不像很多科学家一样埋头工作于自己的实验室，而是在搞研究的同时还注重科学文化传播，就像在他所翻译的英国科学家金斯的《宇宙及其进化》的编纂缘起中写的：一个科学家主要的工作，自然是在实验室里，或者工作室里，仔仔细细地，做那实验或理论的研究。但在科学落后的国家，像我们中国，把科学思想普及到社会，似乎也是很要紧的一种工作。因此，为了宣传西方的先进科学文化，他在国内较早地做起了翻译科学丛书的工作。张贻惠在《宇宙及其进化》的序中指出"天文学是发达最早的一个科学"，因此他认为"人们对于自己所住的宇宙，有深切的兴趣，并且有许多现象，举首即见，很容易实地考察"，所以他首先选择了英国天文学家、物理学家金斯的科学通俗著作《宇宙及其进化》作为他翻译的第一本科学著作。这本英文原著刚出版时很受欧洲人的欢迎，仅仅发行一年，便卖出了75000余部，而张贻惠翻译的这本著作于1932年由北平震亚书局出版发行。张贻惠在书的序中指出：在译文时注重达意，而不必斤斤做句句字字的对照。为了使意思更圆满，译文更通达，在有些地方做了些变动。书后还有译者自加的增录三条作为补充：（1）太阳距离的测法；（2）天文用干涉表；（3）希腊字母和罗马字母。此书由于原作者高深的学术水平和娴熟的文笔，加上译者的补充和润色，用极平凡的名词、富有趣味的文句叙述深奥的科学原理，使读者久读不倦，此书的出版受到广大天文爱好者的欢迎。

四、个人思想

近代中国的科学远远落后于强大的西方列强。在20世纪初，无论是在学术界还是在广大人民群众的心目中，物理学都是一门十分陌生的学科，中国没有专门的物理学研究机构，没有完备的物理实验室，没有一个能够容纳广大科学家专心搞科研的和平环境，最重要的是人们对于物理学的陌生直接导致政府与社会对于物理学研究工作的不支持。因此，在物质与精神支持的双重缺乏下，中国早期的物理学家们大都还担当着教育者的责任。

1. 倾心教育

张贻惠在回国后，发觉中国非常落后，没有良好的实验室、完备的图书馆，缺少能够让他专心搞研究的物质基础，但他没有像许多从国外留学归来的学者一样离中国而去，而是选择献身教育事业，为中国的教育事业贡献出自己的力量。张贻惠归国后，将大量的时间都用在教育上，很少去搞研究，因此很多人更愿意称他为教育家。

20世纪20年代，北京几乎都在军阀的控制之下。由于当时国内军阀混战，政府的大量支出都用在军费的开支上，军费开支不够时便挪用教育开支，这使得北京的许多高校都面临严重的财政危机。1924年，北京师范大学校长范源廉因学校经费积欠困难，无法开展正常校务工作，突然辞职离校。1925年，张贻惠在危难中接任北京师范大学校长职务。面临经费严重不足的困难，为坚持办学，他开始积极筹措资金。首先，他向中华教育文化基金董事会求助，由中华教育文化基金董事会赠予科学教席 4 座，每座附设备费 2000 元，并补助附属中学 1400 元，附属小学 600 元；其次，为了赚取维持学校的费用，他决定由北京师范大学为广西省代培师资，开办特别班，由广西省政府拨给补助费。正是由于张贻惠的四处奔波与努力，学校才得以维持，挽救了濒于崩溃的北京师范大学及其附属中学。

1933 年到 1937 年，张贻惠担任北平大学工学院院长期间，将主要精力放在工学院的工作上。在他看来，工学院往往被外界人士误会为老朽落后的工业学校，固然，工学院的房子，一部分机器、仪器，已有 30 余年的历史，够得上说是老的了，但是在课程同研究上并不比一般学校老朽，所有的教授同学生都是非常的努力。他在担任院长期间努力节省日常经费开支，用于扩充工学院的机器设备，使工学院的教学与实验、实习活动逐渐走向正常化、现代化。1934 年实行限制教授兼课时，本应当提高教授的工资待遇，但他在同各教授磋商之后，还是按以往开支，将节省下来的经费用来购买仪器设备，体现了他对教育的投入与专注。

张贻惠很注重教学工作，总是很积极认真地备课。他的课堂总是很活跃，他讲得生动且认真，学生们都很爱听他讲课。据北京师范大学数学系教授赵慈庚回忆，张贻惠在讲授普通物理学中，条理清楚，语言简练，很吸引人，学生们都很愿意听。他很注重课堂质量和教学方法，陈毓芳在她的文章里就夸赞张贻惠说："张贻惠的课堪称北平各高校物理学教学中高水平、高质量的课。"为了更好地传授给学生们科学知识，满足学生们对知识的渴望，他还开设了原子物理学课程，将其毕生所学尽可能地传授给学生们，且为那些热爱原子物理学的学生们提供充分学习的机会。

张贻惠还十分重视学校的学风建设。他在北京师范大学任职期间，"提倡学术风气培育优秀师资为职志，启迪后进，不遗余力"。1933年他担任北平大学工学院院长期间，在"训练专门技术之外，尤重学生人格道德之培养，于是校风卓然"。张贻惠在努力教学、重视校风建设的同时，也积极为学校、学生提供帮助，例如关注学校图书馆的建设、关心学生、爱惜人才等。作为北京师范大学校长的他也非常关心学校图书馆的工作。当时国内科技图书缺乏，校图书馆在这方面的藏书也很少，为使广大师生能阅读到更多的图书，他及家人将自藏的一批科技图书无偿献给学校。在北京师范大学图书馆里依然还能看到一些盖有张贻惠印章并写有"赠"字样的图书。这就是他当年对北京师范大学的师生付出心血的证明，现在这些书已成为该校图书馆的珍藏。

张贻惠十分关心学生，注重对学生们的考查。1939年5月10日，西北大学第72次常委会通过了《本校学生操行成绩考察办法》，规定切实考查其平日进修情形，"阅读书报、言论、写作、礼节、仪容、内务及团体活动等项为评定分数之根据"，并推举张贻惠教授等人为筹备委员，利用暑假时间组织教授到甘肃、青海、宁夏考察。

张贻惠也很爱惜人才。在他任校长期间，他总是尽力为北京师范大学挽留人才,后来成为中国科学院院士的汪德昭就是其中之一。1928年,北京师范大学品学兼优的学生汪德昭毕业,张贻惠发现了这个人才,并且为了留住这个优秀的人才,将其破格聘为北京师范大学物理系助教。后来汪德昭的发展及成就证明了张贻惠择人的眼光是很独到、正确的。汪德昭成为我国现代著名物理学家,是我国老一辈科学家的杰出代表,为我国科学事业的发展,特别是水声科学研究的建立和发展做出了重要贡献,成为中国水声学的奠基人之一。

张贻惠为北京师范大学的发展和该校物理系的创建做出了不可磨灭的贡献,北京师范大学的广大师生对他铭记在心。1948年在校长袁敦礼的主持下,将原物理楼命名为"贻惠楼",并写成匾额,悬挂在楼内大厅中央,以表示永久的纪念。可惜时至今日,由于历史原因,那块匾额已经不知去向,但今天,当我们走进北京师范大学的物理楼时,我们仍然会看到他和其他老前辈的照片一起被挂在物理楼大厅里,照片下面还有他的简介,以方便广大师生了解他。

2. 真情为国

在张贻惠留学日本期间,国内爆发了辛亥革命,当时身为学生的张贻惠,义不容辞地请假回国参加了革命。他身在外,心却不曾离开过祖国,他和当时所有的爱国民主战士一样,关心祖国的命运,盼望祖国能够繁荣昌盛。1914年,他回到祖国后看到祖国的落后,便下定决心为祖国奉献自己的一份力量。他意识到祖国的落后在很大程度上是因为科学的落后,大多数群众仍然很愚昧,生活在封建迷信之中,因此他便决定解放中国人民的思想。张贻惠尽最大的能力教授与传播科学,正如他在《宇宙及其进化》的编纂缘起中写的:"近来国难临头,上自党国要人,下至服吏走卒,莫不认为中国的不振,是因为物质不如人。"他还认为:"中华民族的出路,只有提倡物质科学的一途了。"而他本人又是个从事科学教育与研究的学者,因此他感到自己的责任重大。

1921年6月3日,北京的教育界发生了一起震动全国的事件,即"六三惨案"。1920年7月,第一次直皖战争大规模爆发,北洋政府将大批财力投入战争,以致教育经费被大量挪用,公立院校经费被长期拖欠,教职员生活无法保障。为此,北京大学、北京高等师范学校、北京女子高等师范学校、法政专门学校、农业专门学校、医学专门学校、工业专门学校、美术专门学校8所国立高等学校教职员,于1921年3月14日宣布停止职务,4月8日又举行同盟罢课。后来,其他学校教职员也纷纷加入此行列,6月2日上午,北京29校学生代表赴当时南京中央政府国务院请愿,时任内阁总理的靳云鹏却拒绝接见。第二天早晨,坚守在国务院前的学生代表经四次交涉方得入内,却遭到一连卫兵荷枪实弹的看守。"消息传出,各校紧急协商,决定举行大规模请愿。上午10时,北京22校学生600余人,手执'教育破产''请政府履行国务会议议决三条'等标语,齐集新华门东门外,要求总理接见。"众人当时冒雨坚持两个多小时,直至下午,22所公立学校的校长,与8校教职员代表(张贻惠是其中之一),以及学生共千余人,再至新华门请愿。时任政府教育部次长的马邻翼出面,对代表要见靳云鹏的要求,只同意代为转达,不能对事件负责。代表们被马邻翼的应付态度激怒了,遂欲拥入。这时，早有准备的军警们荷枪实弹，见人就打。在这场正常的请愿活动中，教职工代表们却遭到不正常的毒打，导致张贻惠与其他代表 20 余人受伤。惨案发生后，北京市学生联合会为声援老师们的索薪斗争，继续宣布罢课抗议。这一事件直接导致当时国内学生运动的开展。1927 年 4 月 6 日，在张贻惠还担任北京师范大学的校长时，马克思主义思想的传播者李大钊教授被捕，张贻惠便很快主持召开校务讨论会，商讨营救李大钊的办法。4 月 10 日，北京大学等在京 9 所高校联合推定时任国立北京大学注册部主任兼经济学教授的余文灿和北京师范大学校长张贻惠为代表，向北洋政府和奉系首脑张学良递交了一份意见书，要求："（一）未放学生请速放；（二）认为情节重大之学生，请从轻发落，取宽大主义，不再株连；（三）李大钊系属文人，请交法庭依法审讯；（四）李大钊之妻女，请即释放……"从这些事件中看出，张贻惠心系祖国，当国家处在水深火热之中，作为科学家的他不遗余力地将自己的全部热情投入国民教育中，为教师、学生的利益倾尽全力。

五、结语

正如物理学家吴大猷先生所说："由于庚款留学的关系，中国第一代物理学家以留美居多。而留学日本的吴南薰、张贻惠、周昌寿、文元模等，均未获得博士学位，也没有重要的物理论文发表。"这使我们过多地关注了留学欧美的物理学家，而张贻惠这位中国近现代物理学史上的重要人物，对中国近现代物理学教育水平的提高、创建和发展大学物理系、对中国物理学人才的培养、积极开设物理学课程、将物理学知识向社会普及、积极创办中国物理学会、统一中国度量衡等方面都做出不可磨灭的贡献。但他本人未能在物理学研究上取得突出的成果，使我们常常忽视他对中国物理学的贡献。这其中的原因可能是多方面的。当时动荡的社会局势使得大多数物理学家难以在相对安静的环境中进行科学研究，没有取得突出的物理学成就，这成为当时留学日本的物理学家们的共性。

通过张贻惠对中国物理学所做出的贡献可以看出，物理学从来到中国到生根、生长，经历了多么艰难的历程。在经历半个世纪风雨飘摇后，中国物理学已然有了繁荣的景象，当我们重新回头审视这段历史时，依然不能忘记这些为中国物理学事业前仆后继的物理学者。

（作者：白　欣　翟立鹏）

束星北

才华横溢的理论物理学家

束星北
(1907—1983)

束星北先生是我国著名的理论物理学家。他博学多才，数理基础雄厚，具有深邃的洞察力，是我国早期从事量子力学和相对论研究的少数物理学家之一。他讲课富有思想性和启发性，培养了一批优秀理论物理人才。他先后留学美国拜克大学、英国爱丁堡大学和剑桥大学，以及美国麻省理工学院，还曾在爱因斯坦身边工作过。回国后，他长期执教于浙江大学物理系。1952年院系调整，他到山东大学物理系，转向气象科学研究，晚年为开创我国海洋物理研究做出了贡献。

一

束星北先生1907年出生于江苏省江都县九帖洲开沙廿四圩。束家为开沙望族。父亲束曰璐、祖父束渭湟、伯父束曰瑄均系积极参与南通张謇兴办实业的知名之士。父曰璐于抗战初病逝，母郭氏也于1941年去世。束星北有兄弟两人，星北小名叫大林子。弟佺保小名小林子。束星北的父亲因与张謇办实业，常住南通。他兄弟两人随生母郭氏在老家度过童年。他母亲身材肥硕，声如洪钟，性格猛烈，心直口快，有慈悲心，肯做好事，平时教子很严。据其乡亲回忆，小林子灵敏，大林子像他妈，身材魁梧，声音洪亮，从小就很犟，直爽，心好，富有同情心。束星北从小聪敏过人。8岁时，在私塾里受教于其伯父同科秀才魏翘楚老夫子。几个学生中，数他接受能力最强，下午授的新课文，哪怕数十行，只需三遍，背诵通熟。魏老师告诉其父"令郎真灵，是块料"，两年后，力劝其母送子入新学堂深造。束星北尽管在私塾时间不长，但天资聪颖，仍打下了较好的古文基础。据说他后来写过为数不多的诗章，充满爱国主义，现实感强，与魏老夫子文风近似。

束星北 10 岁进江都县大桥镇小学，13 岁就进泰州明德中学，两年后考入镇江润州中学高中部。1924 年高中毕业，以优异成绩考入杭州之江大学。翌年插班进济南齐鲁大学。

二

束星北年轻时喜欢看科幻小说。大学读书时就闻爱因斯坦之名向往相对论。爱因斯坦关于时间与空间的统一性，质量与能量的统一性、统一又可以互相转换等观点，在年轻的束星北心灵上引起了很大波动。据束先生晚年回忆，他印象最深的是当时有一本讲"四维空间"的翻译小说引起了他很大的幻想和对相对论的追求。他一直崇拜爱因斯坦。

1926 年 4 月，他自费赴美留学。先是到堪萨斯州拜克大学念物理系。这时，他就醉心于相对论。他决心走勤工俭学自我奋斗之路，谢绝了亲友资助，一边打工，一边学习。1927 年 2 月，由于经济困难，他到旧金山，在华侨帮助下继续打工，一边在加州大学伯克利分校念书。住在同乡会馆内，和铁路、码头工人一起参加重体力劳动。在此期间，他还曾与人合办过报，后来自己还曾办过

《玉碎》报。1927年7月，他因仰慕爱因斯坦，到柏林去拜访爱因斯坦，并在爱因斯坦的帮助下，在柏林大学威廉皇帝物理研究所爱因斯坦研究室，作为爱因斯坦的研究助手，工作过一段时间。

1979年8月9日《光明日报》刊登了由束星北署名的回忆录《在爱因斯坦身边工作的日子里》。束星北受到爱因斯坦的接待和在他身边工作的情况，在这篇回忆录中叙述得相当细致。这篇回忆录是由《光明日报》记者宫苏艺据束先生口述整理，发表前经本人审阅修改完稿的。宫苏艺提供了原始谈话记录，内容与回忆录基本一致。关于在爱因斯坦身边工作一事，原始记录上是这样写的："爱帮我弄了大半工资的研究助手职务"，"每月一百二十块马克。不是正式人员，属临时的"。由于年长日久，记忆不清，回忆录中个别地方，如年月时间等个别情节有所出入，是难免的。但这篇回忆录毕竟是一篇珍贵的历史文献。束星北先生是我国有幸与爱因斯坦相识并在他身边工作过的仅有的几位科学家之一。回忆录中谈到他在爱因斯坦身边主要研究自己感兴趣的问题，并向他请教。他曾多次与爱因斯坦讨论过四维空间问题。爱因斯坦要他确认"因果律不能颠倒，时间不能倒过来，将来不能影响现在"。他说："这些教诲对我以后的发展起了很大作用。我在以后写的一些论文，实际上也是受益于爱因斯坦的这些教诲。"

后来，德国的种族歧视日益猖獗，爱因斯坦是犹太人，处境日益困难。在爱因斯坦爱莫能助的情况下，束星北于1928年10月离开爱因斯坦到英国爱丁堡大学学习，师从著名理论物理学家惠特克和C. G. 达尔文。1930年1月在爱丁堡大学完成了硕士论文《论数学物理的基础》，并获得硕士学位。可惜这篇论文的原文没有找到。束星北在浙江大学教书时常说，搞理论物理的必须认真读懂惠特克的《分析力学》。他还给研究生开过一门"高等分析力学"课。这些都与他在爱丁堡师从惠特克分不开。

他到英国这一年，狄拉克把相对论与量子力学结合起来，提出了电子的相对论性运动方程，即著名的狄拉克方程，从而奠定了相对论性量子力学基础。这个理论赋予真空以新的物理意义，并预言了正电子的存在。这个理论立即引起了很大轰动。束星北的导师 C. G. 达尔文首先对狄拉克方程求得严格解。所有这些给年轻的束星北以极大的鼓舞。他从 C. G. 达尔文那里掌握了对狄拉克方程严格解的全部推导过程。1938 年底浙江大学迁到广西宜山后，在他与王淦昌合开的"物理讨论乙"课堂上，他曾做过 C. G. 达尔文的狄拉克方程严格解的报告，并进行了详细推导。

在爱丁堡大学获得硕士学位后，束星北于 1930 年 2 月到狄拉克所在的剑桥大学师从著名天文学家和理论物理学家爱丁顿。爱丁顿是英国最早研究和积极宣传爱因斯坦相对论的科学家之一。他于 1919 年首次从日食观测证实了爱因斯坦预言的光线在引力场中的偏折。狄拉克方程提出后，许多学者就该方程的数学基础和表现形式的进一步完善进行了研究。爱丁顿当时对相对论与量子力学的结合有很大兴趣，并研究用黎曼空间度规来表达狄拉克方程。束星北在剑桥大学时曾与爱丁顿有过合作。为进一步深造，束星北于 1930 年 8 月再次到美国麻省理工学院数学系当研究生兼研究助教，师从著名数学家斯特罗伊克教授。1931 年 5 月完成硕士论文《超复数系统及其在几何学中的应用的初步研究》，并于 1931 年 8 月再获理学硕士学位。他发展了爱丁顿的方法，利用广义超复数系，通过黎曼空间度规的线性变换，推导得到一些与黎曼几何类似的结果，并在四维情况下得出了狄拉克方程，使狄拉克相对论电子方程具有更合理的数学基础和更完备的表现形式。束星北在文末加了一个注，说明他在工作结束时，看到福克和伊凡宁柯做了类似的工作，他们的基本思想相同，但处理方法不同。束星北这里所研究和应用的广义超复数系，其性质与克利福德群类似，但不够完善。看来束星北当时还不知道有克利福德群。20 世纪 80 年代，克利福德群被引入量子场论研究，受到广泛重视。20 世纪 30 年代初束星北就将它应用于量子力学，是比较早的。束星北在狄拉克方程方面的工作，在当时属于前沿的工作。他写完论文后，回国探亲。恰值"九一八"事变，国难当头，出于爱国义愤，他投笔从戎，没有再回美国继续他的研究工作，连这篇硕士论文也没有发表，文中提到准备另文发表的论文也没有再写。

　　束先生在回忆录中写道：1930 年他在麻省理工学院时，曾将两篇新发表的论文的原文先后寄给了爱因斯坦，爱因斯坦很快就回了他两封信，对他的论文发表了意见。这两篇论文是哪两篇没有具体说明。现在查到的束先生在 20 世纪 30 年代初所发表的关于广义相对论的论文有两篇。一篇是刊登于美国《物理评论》36 卷 1515 页的《爱因斯坦引力定律的非静态解》。该文在《物理评论》上以通讯方式发表。1934 年《浙江大学学报》第一卷上刊登了该文的全文。关于这篇文章，宫苏艺的原始记录中有这样一段话："对四维空间的一个问题，我想出了一条路子，请教爱。爱说这条路子他走过了，走不通。看来，他还花了不少时间。我还认为对。后来到了麻省理工，我继续做这个工作，写了一篇论文，发表在美国《物理评论》上。后来，我寄给了爱，爱还认为是个结果。我当时认为这里是一个很大的成果。这是（一九）三〇年的时候。"看来，在《物理评论》上发表的那篇通讯就是这里所说的这篇论文。可是在《物理评论》上发表的那篇通讯只是一个摘要，在国外期刊上还未查到该文的全文。另一篇是1933年5月发表在麻省理工学院的《数学物理期刊》上的，题目是《一个有关引力和电磁的理论》。这篇文章稍做修改后又刊登于《中国物理学报》第1卷和1934年《浙江大学学报》第1卷。在《数学物理期刊》上发表的论文的文尾，束星北对爱丁顿教授表示感谢。显然，该文是束星北跟爱丁顿一起时，即在剑桥大学时的工作成果。作者还感谢巴利亚塔教授在论文手稿准备中的帮助。该文在《中国物理学报》上刊登时补充了感谢斯特罗伊克教授。巴利亚塔和斯特罗伊克都是麻省理工学院数学系的教授。这说明该文是在麻省理工学院定稿和送该校教学期刊发表的。该文在《中国物理学报》上刊登时加了一个注，提到爱因斯坦对其中的一个公式提过疑问，束星北做了补充证明。该文在《浙江大学学报》上刊登时，同样加了这个注，并更明确地提到爱因斯坦在给束星北的私人通信中对这个公式的引用提了疑问。看来，这篇论文也是回忆录中所提到的两篇新发表的论文之一。不过查到的发表全文是在《数学物理期刊》的1932—1933卷中，而不是在1930年的美国《物理评论》上。

上述束星北的第一篇论文是关于广义相对论的引力定律的。爱因斯坦的广义相对论的引力定律，开始时只得到真空球对称静态引力场的近似解。随后史瓦西得到真空球对称静态引力场的精确解。1927 年伯克霍夫证明真空球对称重力场一定是静态的，史瓦西解是唯一的。20 世纪 30 年代初，束星北试图推广到球对称的有质量辐射的动态引力场，得到近似解，并从所得到的黎曼线元推导出宇宙学方面的一些结果。这就是上述第一篇论文的主要内容。把广义相对论推广到动态引力场是 20 世纪 30 年代相对论研究的重要课题之一。1951 年，瓦伊迪亚在非真空情况下得到了辐射的球对称引力场的非静态解，即著名的瓦伊迪亚解。束星北在推导时曾引用了真空条件，看来束星北的解不一定能成立。可惜束星北对动态解，特别是对有质量辐射的动态解未能坚持不懈地探索下去。否则，瓦伊迪亚解也许不用等到 1951 年。

上述束星北的第二篇论文是关于引力场与电磁场统一理论的。爱因斯坦的引力场几何化成功之后，立即产生用类似几何概念来描述电磁场的愿望。外尔、爱丁顿和爱因斯坦本人都曾经想通过对黎曼几何的修正，把用于引力场的广义相对论推广到电磁场，但都没有成功。1930 年前后，束星北也试图探索引力场与电磁场的统一理论。考虑到引力场与电磁场的根本差异，他提出用质量密度 ρ 和虚数电荷 $i\sigma$ 之和 $\rho + i\sigma$ 代替爱因斯坦广义相对论中能量–动量张量中的质量密度 ρ，从而导出一级近似的复数黎曼线元，实数部分正好代表引力场，复数部分正好代表电磁场，并由之进一步导出麦克斯韦方程组和洛伦兹作用力定律。这就是束星北第二篇论文的主要内容。这篇论文尽管有些地方值得推敲，尽管它不可能解决爱因斯坦终身未能解决的、即使到今日仍未解决的统一场论这个广义相对论的难题，但束星北能抓住物理本质，巧妙地把引力场与电磁场结合起来，得出一些很有意思的结果，在当时，不能不算是一种富有创造性的尝试。

三

束星北1931年9月回国探亲，与葛楚华女士结婚。这时"九一八"事变爆发。他是一位富有正义感、爱国心很强的人。他对日本帝国主义侵略中国的行径义愤填膺，毅然放下了他正在追求的相对论和量子力学研究，于1932年1月受聘于南京中央军官学校任物理教官。中央军官学校给束星北留下很坏的印象。他原来满腔热情想投身抗日，没想到堂堂军官学校居然不提倡抗日，空气十分窒息。1932年4月，兼任校长的蒋介石到校看望，并特意召见青年教师。交谈中，束星北出于爱国之心，刚直不阿，当面责问有关"九一八""一·二八"事变的情况，使蒋介石非常尴尬。蒋介石回到府第，余怒未息，恰巧被当时任宋美龄秘书的束星北弟媳（束星北弟束佺保之妻）知道，立即设法转告束星北，建议他迅速离去，免遭不测。这样束星北就离开了军官学校。

1932年9月，束星北受聘于浙江大学物理系，任副教授。1936年提升为教授，抗日战争开始后，随校辗转迁到贵州湄潭。抗战胜利后，于1946年随校迁回杭州。到杭州后，还曾兼任齐鲁大学和之江大学教授。束星北到浙大后，就致力献身于教育事业，在研究工作中把培养人才放在首位，即使身处逆境，也为培养人才尽心尽力。

他在浙大任教 19 年，教过"理论力学"、"理论物理"、"量子力学"、"热力学"、"电磁学"、"无线电"、"狭义相对论"、"广义相对论"、"物理讨论乙"（与王淦昌合开）等课程。他讲课时物理概念清晰，富有思想性和启发性，着重讲透物理学的基本概念和基本原理。例如，在讲授力学时，他首先阐明运动与速度的关系，并由瞬间速度引进极限和微分的概念，然后着重论证是运动的变化而不是运动本身需要"原因"（外界影响，即外力），以阐明亚里士多德运动观的错误和伽利略、笛卡儿运动观的正确，进而清晰地阐述牛顿的力和质量的概念。在讲狭义相对论时，他使学生对力学的理解进入了一个新天地。他把伽利略变换和洛伦兹变换、相对性原理和光速不变原理，以及如何从相对性原理和光速不变原理导出狭义相对论等，讲得深入浅出，一清二楚。

他讲课从不照本宣科，不做面面俱到的讲解。但对根本性原理不厌其烦地从日常所见的自然现象出发，以各种生动的实例，从不同侧面，深入浅出地反复论证，使学生一通百通地理解、掌握、运用基本原理和基本概念。凡领受过他的理论启蒙的学生，都会经历理解了一个基本原理的真谛时那种豁然顿悟的乐趣，欣赏到理论思维的威力和自然界奇妙的统一性。例如，他讲热力学时，用大量实例证明第一类和第二类永动机是不可能的，进而阐明热力学第一定律和第二定律。每次论证完毕物理学的一个基本原理或定律之后，他总爱说"物理学是逼上梁山的"，以形容自然规律的必然性和认识的曲折性。他将热力学第二定律和熵的概念描述成可捉摸的物理量，使学生难以理解的物理概念变得清晰、明了。

他特别着重引导学生抓住物理学的核心问题。在讲量子力学时，强调统计性和测不准关系，并用大量事例着重阐明测不准关系原理。例如，他启发学生思考："为什么原子核相同，而衰变时间先后不同？"他用测不准关系，$\Delta E \Delta t \sim h$，说明原子核所处状态并不相同，因而衰变时间也不一定相同，并进一步说明与经典力学不同，量子力学中引入了概率概念。他爱引用老玻尔的话"在伟大的生存戏剧中，我们既是观众又是演员"，来阐明测不准关系原理。在讲狭义相对论时，他强调相对论的核心问题是同时性问题，用时钟佯谬等似非而是的疑题让学生讨论，使大家了解，在狭义相对论中，同时性只有相对的意义，只有时空的点才是绝对的。在讨论经典统计物理时，他强调指出统计物理的核心问题是玻耳兹曼的 H 定理。

束先生注重培养学生的独立思考能力。他要求学生对学过的东西一定要消化，不赞成死记硬背。他经常讲应该吸收那些对的部分，摒弃那些错的东西，剩下的应老老实实说不懂。他反对盲目引述文献和专家权威的话，认为如果不变成自己的东西，即使说对了也无用。他出的试题相当部分要求灵活运用讲授内容，靠死记硬背是答不出来的。如讲力学轨道运动时，他考学生"月球与太阳之间引力大于月球与地球之间引力，为什么月球绕着地球转"。为使学生接触物理学最新进展，他与王淦昌合开了"物理讨论乙"课程，介绍物理学的前沿领域。当时出现的一些重要进展他们都讲过。例如王淦昌讲过中微子和 β 衰变实验，束星北讲过费米的 β 衰变理论和 C. G. 达尔文的狄拉克方程的严格解。他们也让四年级学生做文献调研报告，培养他们阅读文献和独立思考的能力。

束星北是一位严师，但又平易近人，关心爱护学生。浙大物理系出了相当一批理论物理人才，与他的启发教育是分不开的。李政道的成长曾得益于束先生对他的精心培养。李政道于 1943 年在浙大一年级念书时，与束先生的侄子同班，常去束星北家中。通过提问题，他发现李政道是个天才，对李格外爱护培养。这一年，他每两周去永兴场一次，做普通物理辅导。每次去，都与李政道在楚馆（一年级教室地点）物理实验演示室热烈地讨论问题。李政道原是工学院学生，到二年级，束先生亲自帮助他转到理学院物理系。到湄潭后，李政道经常睡在双修寺物理实验室，束先生晚上也常去双修寺，两人往往谈到深夜。1944 年底日寇进犯黔南后，浙大出现从军热，李政道出于爱国义愤，决心去重庆报考参加青年军，路上翻车受重伤。他写信告诉当时在重庆的束先生，束先生派车把他送回湄潭，并发电报给王淦昌，不许他离开湄潭去参军。后来，束先生利用接家眷车把李政道接到重庆，随后介绍他去昆明找吴大猷，转学西南联大。李政道对于束星北先生对他的关心培养是念念不忘的。1972 年 10 月 14 日，李政道第一次回国期间，就给当时在青岛医学院劳动的束星北先生写信。信中说道："先生当年在永兴湄潭时的教导，历历在念。而我物理的基础，都是在浙大一年所建。此后的成就，归源都是受先生之益。"

在束先生回国后的头 10 年,没有查到他有新的学术论文发表。这可能由于当时的国难形势和 1937 年后浙大的辗转搬迁,使他安不下心来继续他的相对论研究。这个时期,他热衷于与抗日有关的事情和研究能抗击日寇的新式武器。抗战开始前,他曾在杭州搞过无线电遥控飞机研究,还在西湖做过无线电遥控船只试验。到湄潭后,因急需研制国防用药,他与工人一道协助化学系修好报废的发电机和电冰箱。浙大西迁途中,他见到日本飞机狂轰滥炸,十分气愤。他认为一个科学家看到自己祖国的国防如此落后,应感到耻辱。于是西行途中,他就思考设计一种国防武器能把飞机打下来。1939 年 2 月,浙大在宜山遭受大轰炸后,国民党总参谋长白崇禧来校参观。束星北当面向白建议研制新式武器去抗击日本侵略。到湄潭后,他开始在物理系工厂试制,限于条件未能成功。此事传到国民党一位要员耳中,这位要员于 1944 年 9 月聘束星北到重庆军令部技术处去研制国防武器。在他指导下,研制了中国第一架雷达试验装置,探测地面距离为 10 公里的目标获得成功。不久抗战胜利,他离开重庆回湄潭浙大。

1941 年浙大迁到湄潭后,开始有了一个比较安定的教学和科研环境。虽然当时条件十分艰苦,但湄潭的学术气氛十分浓厚。束星北又从一个新的途径重新对广义相对论进行探索,并在身边形成一个小的集体。王谟显、程开甲、蒋素卿等一些老师和高年级学生都与他一道做过研究。束星北探索任意参考系之间的相对性问题,试图放弃爱因斯坦的统一场论,由等效原理中的时空变化率进入广义相对论,只承认洛伦兹变换,将普遍时空变成相对于运动质点的时空，而不是一个唯一的统一的时空。他用瞬时洛伦兹变换方法，得到任意相对运动参考系之间的变换系数，并且得到很有意思的结果：电磁场张量在具有相对加速运动的两参考系之间具有相对性，即无论是电荷加速运动、观察者静止，还是电荷静止、观察者加速运动，观察者所观察到的电磁场完全一样。他在这方面发表过一系列论文。其中一篇是与王谟显合作，发表在1945年的《科学记录》上，题目是《一个加速电荷的场强的洛伦兹变换》。有两篇发表在1946年《自然》的第157期和第158期。有一篇发表在1947年《哲学杂志》第38卷上。另一篇是他的学生程开甲署名发表的，用这一方法计算了金星近日点，发表于1945年《自然》第155期上。

凡与束星北共过事、受过教的人，对束星北先生的学术思想和治学态度无不留下深刻的印象。他思想敏锐，理解深刻，好穷根究源。20世纪30年代，量子力学和核物理是引人注目的前沿领域。束星北回国后一直关注着这些领域的发展。1937年5月，尼·玻尔来中国讲学。因爱因斯坦与玻尔在量子力学原理上有尖锐的分歧，束对此曾多次向玻尔请教，两人讨论十分热烈，给玻尔留下了深刻印象。其子汉斯·玻尔在日记中曾多次提到束星北先生，如："5月24日，……父亲也作了一篇精彩的关于原子核物理学之最近发展的演讲……演讲以后，我们应邀到市政府赴宴，由于青年物理学家们特别是束博士和我父亲讨论得很起劲，我们迟到了一会儿，但是那个夜晚使我们很高兴"，"5月25日，……束博士、王博士和何博士陪着我们走了一程并和父亲说着话。看到他们对自己的事业和对我父亲的那种深深的真诚，真是美好和令人感动。当我们分手时，天正在下雨，但我仍然看到强壮而坚定的束博士面带热情立在倾盆大雨中，只为的是尽可能多看我父亲一会儿"。

早在 20 世纪 30 年代，束星北就认为幻数对核结构有重要意义，曾让他的学生研究过这个问题。他很早就强调群论在核物理中的应用。1942 年暑假，他还在湄潭专门组织了群论讨论班，冒着酷暑，每天用半天时间讲群论一书，重点讲原子光谱和核谱的应用，这在国内可说是一位先行者。他对量子力学基本原理测不准关系特别重视，在课堂上常讲，作为基本原理，不能仅仅是对测量的一种限制，应该可以从这个原理推导出量子力学的一些结果。他曾根据这个观点推导出谐振子和氢原子基态能级等，相关论文刊登于英国《哲学杂志》第 41 卷。

1939 年浙大在宜山时，他讲授过数学物理方法，主要内容有：（1）正交函数和希尔伯特空间，从而引入量子力学的数学方法；（2）格林函数和积分方程，这种方法当时还未见到在量子场论或其他多体问题上的应用。1940 年，他讲课时就提出将特异点解微分方程的方法应用于量子场论。这种方法在量子场论和其他多体问题上的应用，国际上一直到赫尔曼理论出来之后。1947 年兰姆等发现兰姆位移。当年贝特对之做了理论解释，其计算值与实验值一致。早在 1941 年，束星北针对量子电磁场高次微扰计算中的发散困难，提出将发散上限切断，继续算下去，可得原子能级的电磁场修正。这个想法接近贝特计算兰姆位移的观点。束星北曾对氦的电子能级进行计算，得到了与后来贝特相同的修正。可惜上述这些工作当时都没有进行到底，没有写成文章发表。

束先生从来不人云亦云，盲目接受前人观点。在电动力学中，麦克斯韦方程组既有一个推迟解，又有一个超前解。通常认为超前解不符合因果律而被舍弃，束却认为如方程式数学上正确，就不应舍去合乎一般物理要求的解。经过钻研，他论证了当恰当注意边界条件，这个超前解与推迟解等同，都不违反因果律。而通常人们感兴趣的外向辐射的边界条件下，舍去超前解又是正确的，文章发表于《中国物理学报》1950年第7卷第6期。1945年，惠勒和赫尔曼曾把辐射的原因归于吸收体的存在。束星北认为这是颠倒了因果关系。他与他的研究生蔡建华根据他对波动方程的超前解与推迟解等同的证明，论证了"吸收体的反作用"不存在，他们所说的"吸收体"无任何物理真实性，并写成文章发表于《物理学报》1954年第10卷第1期。

四

1952年院系调整，束星北先生到青岛山东大学物理系任教授。到山大后，他深感提高教师素质是当务之急，主动要求亲自参加普通物理教研室，辅导提高该教研室教师水平，对山大物理系教学质量提高起了很好的作用。当时，正值第一个五年计划即将开始。面对国民经济发展的需要，束星北毅然再次放下了多年追求探索的相对论研究，决心献身于气象科学研究。当年，山大成立海洋系，物理系气象组转入海洋系，在中央气象局的支持下，在海洋系成立了气象研究室，束星北兼任研究室主任。他精神焕发，夜以继日，孜孜不倦,学习钻研这个新的领域。由于他具有雄厚的数理基础,研究工作很快上升,短短两年(1953—1954)便写出气象学方面的论著近十篇,对大气动力学做了深入的理论探讨。

在气象研究中,对于干空气绝热运动,一般视作等熵变化。在等熵运动中,束星北得出决定温度直减率γ变化的因素有空气压力变化、水平辐合和冷暖平流切变等3种,理论上比彼得逊和赫尔维茨等所得结果更为完善。在大气骚动和空气运动学方面,束星北得到的波速方程比罗斯贝的结果在形式上更为广泛,理论上较为完整。他还从大气骚动导出温压结构的槽脊方位和倾度关系,提出倾向与强度相互消长变化等结论,有助于对西风波的认识。束星北在《高空变压计算法的建议》中导出的高空变压公式,与罗斯贝的公式大致相同,理论上更严格些。关于基培尔学说,束星北曾发表两篇文章,为基培尔的假设条件提供了理论依据,并从基本假设出发导出预报方程,避免了基培尔学说中不合理的设想和简化。上述工作成果分别发表于1953—1954年的《山东大学学报》《气象学报》《物理学报》上。

正当束星北先生对我国气象研究开始有所贡献时,1955年"肃反"运动开始。从此,他被迫停止了刚刚有一个良好开端的事业。

1955年"肃反"运动中,束星北受到历时一年的停职审查。1956年审查结论为没有反革命历史问题,山东大学党委公开宣布取消束星北的政治嫌疑,并公开道歉。1957年整风运动中,他又被错划为极右分子,并被重新扣上"历史反革命分子"的帽子,开除公职,管制劳动三年。1960年转到青岛医学院任教员,继续管制劳动。1965年取消管制劳动,仍留在青岛医学院监督劳动。

在青岛医学院期间,束星北在精神上、生活上极其痛苦与艰难,但他为提高青年教师数理基础,仍然非常认真、尽心尽力地给青年教师讲授电动力学、傅立叶级数、普通物理学、微分方程、矩阵、医学生物统计等课程。

束星北是一位性格刚强的人,在蒙受极大磨难和挫折、身处逆境时,仍然挺立不倒,坚持不懈地钻研科学技术,做了大量工作。1965年完成了《狭义相对论》专著。1972年完成了中国科学院东北石油化工研究所委托的冲击力对金属胶黏结的破坏因素研究。1979年又为航天工业部计算了我国第一枚洲际导弹弹头的数据仓接收和打捞的最佳时间,确认在三分钟内可以立即打捞,为我国航天工业做出了贡献。他还为青岛医学院修好并研制了一批当时国内难以修复和难以买到的精密电子仪器。有一次,一架刚从国外进口的脑电图仪被人误操作搞坏了。这是当时尖端科研用的极其珍贵的仪器,一般人修不了,也不敢插手修。束先生则主动请缨。考虑到他当时的政治处境,好心人劝他不必多事。他则说:"看到国家贵重仪器的损坏,而我袖手旁观,是我良心所不允","如果我修不好,就是批斗我也心甘情愿"。后来,这架仪器果真被他修好了。

1978年,中国的大地迎来了科学的春天。春风也吹进了束星北先生的住所——青岛医学院老校门的传达室。大约在1978年初夏,束星北还戴着"右派""历史反革命"两顶帽子在劳动。国家海洋局第一海洋研究所的曾荣所长三次到这个传达室拜访束星北,请他到海洋研究所工作。他为这位所长的诚心所打动，于 1978 年盛夏正式到该所工作。在他古稀之年，又抱病投身于我国海洋科学事业。

他到海洋研究所后，首先广泛了解科研人员素质和科研状况，深入阅读有关海洋科学和海洋物理文献，提出首要任务是要培养一支有深厚理论基础的物理队伍。在所领导的大力支持下，他举办了有 28 名经过挑选的科研人员参加的海洋动力学学习班。针对多数学员理论基础不牢，缺乏正规科研训练的情况，他比较系统地讲授了张量分析、流体力学、数学物理方法等课程，还边学边教，讲授了动力海洋学。他培养的 28 名学生后来大都成为副研、高工以上的业务骨干，各领域研究课题的学术带头人。他所创建的研究组，也成为我国从事海洋内波研究的一支重要力量。

1980 年春，在动力海洋学学习班上，他与当时中国科学院声学所汪德昭所长共同倡导，在我国近海开展海洋内波的观察研究。在海洋所组建了由他领导的海洋内波研究组，进行内波理论的探索研究和现场观察。为此，开展了测温链的研制。1981 年完成了由几个铂电阻探头构成的以单板机控制、取样、记录的测温链，并在黄海进行了试验内波测量。接着又开始研究由 16 个热敏电阻探头构成的微机控制、取样、记录的测温链。正当他满腔热情为我国海洋科学事业不遗余力地刻苦工作的时候，不幸于 1983 年 10 月病逝。1984 年，他所创建的内波研究组研制成了第二代热敏电阻测温链，并用于海洋内波的正式现场测量。在 1985 年《海洋学报》第 7 卷上发表了由他学生执笔，以他为首署名的两篇有关海洋内波的研究论文。这些虽是初步的工作成果,却是我国海洋学界公开发表的有关海洋内波的最早的研究论文。

五

束星北先生秉性耿直,富有正义感。早在 1935 年浙大物理系反对反动校长郭任远的斗争中,他就是一个积极分子。有一次郭任远为拉拢教授们,宴请全校教授。束先生当面质问郭任远宴请经费从哪儿开支,弄得郭任远下不了台。他具有强烈的正义感,1947 年 10 月浙大学生会主席于子三被特务逮捕,并于狱中惨遭杀害,在第二天上午听取竺可桢校长、校医和学生代表的情况汇报后,束先生首先起来号召浙大全体教授罢教,以抗议国民党当局杀害学生的暴行。当晚,他找当时在学生会担任领导工作的物理系学生雷学时去他家。他对雷说,国民党太腐败了,看来你们是对的,希望你们好好干。1949 年初,有人不小心在实验室丢了一本《论共产党员修养》,他捡到后,秘密保存起来,保护了他学生中的地下革命同志。

对于束星北先生来说,最大的痛苦,莫过于不能发挥自己的才能、为国效劳的那种精神上的痛苦。1964 年,当束星北听到我国第一颗原子弹爆炸的消息时,不禁在家号啕大哭,他为自己有力不能出、有志不能酬而痛心,为不能与王淦昌在现场并肩战斗而伤心。他哭得如此伤心,全家人为之震动,因为全家人从来没有见过他流眼泪。1966 年 3 月,他让他的大儿子到北京找王淦昌,请求王淦昌帮助把他调到中国科学院,希望有机会发挥自己的作用。1972 年,他给老校长竺可桢写信,诉述自己长期在青岛医学院打扫厕所,希望有机会到科学院工作。昔日刚毅豪放、高度自信的束星北先生,在那个年代不得不发出如此心酸的哀求。对于这样可怜的请求,无论是年迈病重的老校长,还是正在为"两弹"过关的老同事、老挚友,都无能为力,爱莫能助。

即使在这种遭到错误对待的境遇下,束星北仍然对祖国的日益昌盛感到由衷的高兴。1972年10月20日,他在给李政道的回信中写道:"这次回国,当能看到祖国经历的惊天动地变化,28年前那种国内卑污、国际受辱的现象已一去不复返矣!"表达了他热爱新中国的心声。

1978年他受聘于第一海洋研究所。1979年7月,21年的冤案得到彻底平反,并完全恢复名誉。他对党能坦诚地承认、改正错误大为折服,内心非常激动,心情十分舒畅,工作异常积极,为我国海洋物理研究和人才培养尽心尽力。

束星北是我国早期一位杰出的理论物理学家和教育家。他的一生是孜孜追求真理、辛勤耕耘播种的一生,也是坎坷的一生。他是一位有真才实学的、才华横溢的、爱国的科学家。

(作者:李寿枬)

王淦昌

当代中国杰出的物理学家

王淦昌

(1907—1998)

王淦昌先生不仅在粒子物理学方面做出了重大的发现和贡献,也为独立自主地发展我国的核武器立下了不朽的功勋。他以广博精深的学识,严谨的学风,坚持真理的科学精神,爱祖国、爱人民、伸张正义、乐于助人的崇高品格,教育熏陶了几代人。他不愧为我国科学工作者学习的典范。

一、青少年时代

1. 从私塾到清华

王淦昌先生于1907年5月28日生于江苏省常熟县支塘镇枫塘湾。父亲王以仁是当地颇有名气的中医,家里也有少量田产。王淦昌4岁时,父亲就逝世了。大哥王舜昌行医并兼做小本生意,维持一家生计。

王淦昌自幼好动,并且特别喜欢翻弄父亲、哥哥的几部藏书。幼时家境尚好,1913年,母亲和哥哥送他进了私塾。1916年,转入太仓县沙溪小学。少年时的王淦昌很喜欢算术,解趣味数学题是让他着迷的游戏。

1920年,王淦昌的母亲病逝。同年,他在外婆和大哥的资助下,随一远亲到上海浦东中学就读。在这里,对他影响最大的是数学教师周翰澜。周翰澜曾留学国外,有志于振兴中华的科学文化。周的教学原则有二：一是鼓励自学，二是因材施教。在他的倡导下，王淦昌在中学就读完了大学一年级的微积分课程。这一时期，王淦昌树立了学习自然科学的目标。在浦东中学，除了数学，他最感兴趣的学科就是英语。英语教师崔雁冰对他的影响和教育也很大。

1924年，王淦昌高中毕业。毕业后，他做出的第一个决定是进外语专修班。半年后，他又找机会进了一所技术学校，学习汽车驾驶和维修技术。结束了这两轮短期训练后，他报考了清华学校。

1925年"五卅惨案"后，王淦昌积极参加了反帝爱国运动。一天，他参加游行后，仍抱着一大捆传单沿途散发，被一个英租界的印度巡捕抓住。但在一个僻静的地方，这个印度巡捕出于某种同情心，把这个充满爱国热情的中国学生放走了。同年，王淦昌被录取为清华学校首届本科生，一年后分科进了物理系。同时进入物理系的另外三名学生是施士元、周同庆和钟间。

2. 在名师指导下踏上物理学的征途

初到清华学校，王淦昌迷上了化学。化学系的实验条件在当时的清华堪称最佳，即使是公共课，也安排了尽可能多的实验。王淦昌一走进实验室就异常机智和活跃，经常长时间地待在里面不肯出来。由于中学时几乎没有接触过化学实验，石蕊试纸的颜色变化都曾使他大为惊异。他把化学元素周期表背得烂熟，关于元素和化合物性质的种种实验，有条件的他都认真去做。这段美好的时光对王淦昌后来的科学活动产生了巨大的影响。从建议用Be^7元素作为检验中微子的放射源，到γ射线化学效应的研究、有机活性磷光体的制备以及对准分子激光器的关注与倡导，都不能不使人联想到他在青年时期打下的坚实的化学基础。他曾很带感情地说："化学是很有意思的。我对化学比较熟悉，以后还想和别人合作做些化学方面的研究。"

清华物理系是我国近代物理学先驱叶企孙教授创建的。他是著名的实验物理学家，在1921年测定的普朗克常数在国际上沿用了16年之久。他长期担任清华物理系主任，亲自为学生上普通物理课。在一堂普通物理课上，叶企孙教授提了一个有关伯努利方程的问题，王淦昌在很短时间内给出了正确的回答。叶先生对他理解问题的清晰度和准确性表示赞赏。课后叶先生把王淦昌找去谈话，了解他的学习情况，并解答了他的一些问题。叶企孙告诉王淦昌，有问题随时都可去找他。叶先生对王淦昌的鼓励和个别传授更加激发了他少年时期萌发的自信、自强之心。此后他成为物理实验室的常客。

1928年，王淦昌已经是大学四年级的学生。叶企孙于当年聘请中国近代物理学的另一位先驱、实验物理学大师吴有训教授到清华物理系主持近代物理课程。在教学中，吴有训很快对王淦昌有了良好的印象。他注意到王淦昌对实验的特殊爱好和操作能力。吴有训自己是首先通过实验工作接受近代物理学，并为证实康普顿效应做出了重要贡献。他也希望以同样的方式培养、帮助王淦昌。1929年6月，王淦昌从清华大学物理系毕业后，吴有训把他留下来当助教，同时给了他一个研究题目：清华园周围氡气的强度及每天的变化。这个题目当时在国内尚无人涉猎。1902年至1904年间，德国物理学家埃尔斯特和盖泰耳发现了大气中的放射性气体，继之人们在大气放射性与气象学条件的相互关系方面做了大量研究。为了就这种关系形成一个明确的概念，需要在世界上尽可能多的地方从事此项实验。吴有训教授认为中国物理学家也应该在这个领域做出自己的贡献。

从 1929 年 11 月到 1930 年 4 月，实验进行了 6 个月。在吴有训的指导下，王淦昌查阅了大批参考资料，根据当时的条件，王淦昌采用了类似于戴奥特哈曾采用的裸导线的荷电量的测量方法。王淦昌每天上午在室外做两三小时的实验测量工作，测出 5 米高空的大气放射性，同时记录下大气压、风速与风向、云的性质与分布和温度，得出了北平上空大气放射性与大气压、风向、风速、云的性质与分布相关的大量数据，以及大气放射性的平均值与最高值的每月变化，总结了五点结论。

王淦昌在清华期间还有一段终生难忘的经历，这就是 1926 年的"三一八"惨案。该年 3 月 12 日，日本军舰炮击驻守大沽口的国民军，遭到国民军的还击。英、美、日等八国因此向中国政府发出最后通牒。3 月 18 日，王淦昌和部分清华同学一道在天安门前参加了北平人民群众 5000 多人反对八国最后通牒的集会游行，结果遭到段祺瑞军阀政府的军警的血腥镇压，死伤 200 余人。王淦昌亲眼看到有人在自己身边中弹倒下。血淋淋的场面使王淦昌看清了北洋军阀反动卖国的真面目，深切感到中国青年应该肩负起救国的重任。

3. 在世界科学中心度过了物理学的黄金时代

为了培养中国的优秀物理学家，叶企孙鼓励清华物理系毕业生出国深造。钱临照教授回忆说:"清华物理系首届毕业生,一个去德国(王淦昌),一个去法国(施士元),一个去美国(周同庆),这可能是叶老的安排。"这表现了叶老对振兴中国物理学的深谋远虑。

1930年,王淦昌考取了江苏省官费留学,到德国柏林大学攻读博士学位。他的导师就是杰出的女物理学家迈特纳。

王淦昌先在格丁根大学选修了半年的课程,其中有玻恩的热力学、海特勒的量子化学、冯·米西斯的概率论和固体物理学的先驱诺特海姆的课。王淦昌也曾听过几堂弗兰克的课。遗憾的是弗兰克不久就离开了格丁根。

半年后,王淦昌跟随迈特纳,就读于柏林大学威廉皇帝化学研究所放射物理研究室。在这个柏林郊外的名叫达列姆的小镇上,他潜心于课堂和实验室。在实验室,他常常工作到深夜,而实验室的大门晚上10点就关闭了,所以他常常翻出围墙回自己的宿舍。一般说来,只有两种情况使他奔走于柏林城内的校部与达列姆之间。一种情况是去听课和听讲演,例如他去听过薛定谔的几堂波动力学课及其他课程和讲演。另一种情况就是参加每周一次的研讨会,这是德国物理学界群英荟萃的讨论会,王淦昌从中吸收了许多新思想、新方法,了解到物理学前沿的许多最新的发现。他对德拜讲演的风采记忆深刻。

王淦昌在德国留学的四年(1930—1934),正是现代物理学史上的黄金时代。这一时期量子力学取得了巨大成功,原子核物理和粒子物理迅猛发展。电子、正电子、人工放射性相继被发现。这些进展在德国物理学界引起强烈反响。尤其是实验物理学家迈特纳为每一项进展所鼓舞,并坚持在放射性领域从事着十分有意义的实验研究。王淦昌以对实验物理学的特殊兴趣和敏锐,从导师的言谈举止之间辨识着当代物理学发展的新方向。

1931年,王淦昌先后参加了柏林大学两次很有意义的物理讨论会,迈特纳的另一个研究生克斯特斯报告了关于玻特和他的学生贝克1930年做的一个实验。他们用放射性钋所放出的α粒子轰击铍核,发现了很强的贯穿辐射。他们把这种辐射解释为γ辐射。而迈特纳早在1922年就对γ辐射与元素衰变的关系进行过实验探讨,对γ辐射的性质也做过一系列的研究。王淦昌对此是有所了解的。玻特的实验报告给王淦昌留下了深刻的印象,他对γ辐射能否具有那么强的贯穿能力所需要的高能量表示怀疑。玻特在实验中用的探测器是计数器。王淦昌当时想到的是,如果改用云雾室做探测器,重复玻特的实验,则有助于弄清这种贯穿辐射的本性。王淦昌在讨论会以后曾先后两次去找导师迈特纳,建议用一个云雾室着手研究玻特发现的这种贯穿射线。迈特纳始终没有同意王淦昌的请求。可是,查德威克正是用不同的探测器——云雾室、高压电离室和计数器证实了这种贯穿辐射是中性粒子流,从而发现了中子,并在1932年2月17日将论文送交《自然》发表。查德威克因此获得了1935年度的诺贝尔物理学奖。中子被发现以后,迈特纳曾不无沮丧地对王淦昌说"这是运气问题"。王淦昌本人也曾半开玩笑地说:"如果我当时做出来了,王淦昌就不是今天的王淦昌了。"这一事件给王淦昌以终生难忘的教训。他毕竟没有尽全力去争取从事这一实验的机会，这是他抱憾的最主要原因。1985 年 3 月，国际科学史学会主席、美国研究核物理学史的科学史家希伯特访问王淦昌。当希伯特听到这段故事后，他建议王淦昌一定要把有关发现中子的历史过程的回忆写出来。

王淦昌的博士论文题目是《关于 ThB+C+C″ 的 β 谱》，工作从 1931 年冬季进行到 1933 年 10 月。题目是在导师迈特纳教授的提议下选定的。1933 年 12 月 19 日，王淦昌完成了博士论文寄往《物理学期刊》发表。王淦昌在导言中分析了艾利斯等人所用实验方法的利弊，吸收了他们测量射线强度的基本思想，采用盖革-缪勒计数器在磁场中计数。他应用他的方法测量了 ThB+C+C″ 的 β 谱。他在结论中提出，他所得结果在强度方面比艾利斯的要精确得多，虽然分辨率要差一些。

王淦昌的博士论文顺利通过了答辩。答辩委员会成员有著名物理学家冯·劳厄、物理化学家玻登斯坦、导师迈特纳和哲学心理学家克勒。冯·劳厄是主考人。当时，王淦昌中学和大学时的同学施士元正在法国留学，他曾在假期去德国旅游并看望王淦昌。据施士元教授回忆，费米建立 β 衰变理论时参考了当时有关 β 谱强度的若干测量数据，王淦昌的工作可能对费米的工作有一定的参考价值。

王淦昌到柏林的第二年，发生了日本侵略军侵占我国东北三省的"九一八"事变。这不能不在精神上给热爱祖国的王淦昌带来巨大的痛苦。1933 年希特勒篡夺了德国政权，开始推行灭绝人性的法西斯专政。王淦昌的导师迈特纳是犹太人，1933 年 9 月 6 日被剥夺了教书的权利。（但由于她是奥地利籍，仍能留在化学研究所工作。

1938年纳粹德国侵吞奥地利，她才不得不逃亡瑞典。）在法西斯专政的环境中，王淦昌感到窒息，无法继续沉浸于实验室和书本之中。在论文答辩通过之后不久，他就动身离开了德国。

王淦昌在结束自己的留学生活之前，曾去英国、法国、荷兰、意大利等国旅行。他每到一地，先去大学和实验室，会见物理学大师。他访问了英国剑桥的卡文迪许实验室，会见了卢瑟福和查德威克及艾利斯。他访问了罗马大学的费米小组，恰巧费米临时外出，未能碰上。王淦昌的心愿是想了解一下这些物理大师在想些什么、干些什么。王淦昌在当时的科学中心西欧学习了最新的物理学理论与实验技巧，度过了物理学的黄金时代，于1934年4月回到灾难深重的祖国。

二、粒子物理学家、核物理学家与和平利用核能的倡导者

王淦昌从德国回国后，历任山东大学物理系教授（1934—1936）、浙江大学物理系教授（后又兼任系主任）（1936—1950）、中国科学院近代物理研究所（1953年改名为物理所）研究员兼副所长（1950—1956）、苏联杜布纳联合原子核研究所高级研究员（后又兼任副所长）（1956—1960）、第二机械工业部九院研究员（后又兼任九院副院长）（1961—1978）、二机部副部长兼原子能研究所所长（1978—1982）、二机部科技委员会副主任兼原子能研究所名誉所长（1982—1998）。其间有十几年处于抗日战争和解放战争的艰苦环境之中，王淦昌又长期肩负了繁重的教学工作和行政组织工作，可是他始终活跃在粒子物理和核物理研究的第一线，不间断地阅读最新

的物理学期刊与文献,从事实验工作,做出了大量研究成果,在国内外发表了 40 多篇学术论文,在国际物理学界赢得了声誉。他最突出的成果是:(1)关于探测中微子的建议;(2)反西格马负超子的发现;(3)我国原子弹和氢弹的研制与试验;(4)惯性约束核聚变的研究。现将这几项工作分别做一介绍。在介绍这些工作的同时,我们将会看到王淦昌不但是一个杰出的科学家、原子弹和氢弹的研制者,还是一个和平利用核能的倡导者。

1. 关于探测中微子的建议

王淦昌早年最重要的科研成果是"关于探测中微子的建议"。

早在 1914 年,查德威克就发现放射性物质辐射出的 α 射线、γ 射线的谱是分立的,而 β 射线的谱是连续的。这似乎预示着在放射 β 射线时,能量对于单个的反应并不守恒。可是泡利在 1930 年 12 月 4 日致"图宾根地区物理会议放射性组"的公开信中提出:"在原子核内可能存在一种我称为中子[1]的电中性粒子。它具有自旋 1/2 遵从不相容原理,另外它们不以光速运动,以此又同光子区别开来。中子质量一定是电子质量的数量级,不管怎样也不会大于质子质量的 0.01 倍。假定 β 衰变中一个中子与一个电子一同射出,β 连续谱将不难理解,这样,中子、电子能量和就是一个常数。"但是泡利对自己的猜想并没有充分的信心。1933 年,在中子发现之后,费米提出了 β 衰变理论,在理论上肯定了中微子的存在。

---

[1] 即后来人们所称的中微子。因为当时中子尚未发现,故泡利称这种假想的粒子为中子。——作者注

王淦昌是赞成泡利的假说和费米的理论的。他认为："泡利之假说与费米之理论，固属甚佳，然若无实验证明中微子之存在，则两氏之作，直似空中楼阁，毫无价值，而 β 放射之困难仍未解决。"当时王淦昌正生活在抗战的颠沛流离之中，当浙大在贵州遵义安居下来以后，他写了一篇短文《关于探测中微子的一个建议》，于 1941 年 10 月 13 日寄到美国《物理评论》。

王淦昌在这篇短文中首先指出：

"测量放射性原子的反冲能量或动量是获得中微子存在的证据的唯一希望。克兰和哈尔彭已经通过一个云雾室测量发射出的 β 射线和反冲原子的动量和能量，得到了倾向于中微子存在的证据。可是，由于反冲原子的电离效应很小，似乎有必要考虑另一种不同的探测方法。

"当一个 β^+ 类放射性原子不是放射一个正电子而是俘获一个 K 层电子时，反应后的原子的反冲能量和动量仅仅取决于所放射的中微子，原子核外的电子的效应可以忽略不计了。于是，要想求得放射的中微子的质量和能量就比较简单，只要测量反应后原子的反冲能量和动量就行了。而且，既然没有连续的 β 射线被放射出来，这种反冲效应对于所有的原子就都是相同的。"

王淦昌建议的关键之点就在于把普通 β 衰变末态的三体变为 K 俘获中的二体。这就使得中微子的探测有了实际的可能。

王淦昌的文章发表后不过几个月，阿伦就按照这一建议做了 Be^7 的 K 电子俘获实验，测量了 Li^7 的反冲能量，取得了肯定的结果，但没能观察到单能的 Li^7 反冲。直到 1952 年，罗德巴克和阿伦

的 $A^{37}K$ 电子俘获实验，才第一次发现了单能的反冲核。Cl^{37} 的反冲能量的实验值与理论预言值完全符合。同一年，戴维斯成功地做了 Be^7K 电子俘获实验。王淦昌在 1941 年提出的建议，在 1952 年的实验中最后取得了成功。

王淦昌在回忆《关于探测中微子的一个建议》发表前后的情形时说："那个时期觉得自己比较成熟了。敢想问题，也想得多。只是工作起来因为条件不具备，很多事情做不下去，真是可惜。在德国和刚回国的一段时间，我太年轻，还不能很扎实地做工作，还只是在学。后来的感觉不同了。不过我始终怀着极大的兴趣寻找新现象。"

1947 年，由于吴有训的推荐，王淦昌因 1942 年关于探测中微子的建议获得了第二届也是最后一届范旭东奖金。第一届范旭东奖金授给著名的化工专家侯德榜。

2. 在苏联杜布纳联合原子核研究所发现反西格马负超子

1956 年 9 月，王淦昌代表中国去莫斯科参加联合原子核研究所成立会议。会后，王淦昌留在该所工作，直到 1960 年底回国。他领导的研究组最初由两位中国青年科学工作者、两位苏联科研人员及一位苏联技术员组成，1960 年发展到由中国、苏联、朝鲜、罗马尼亚、波兰、民主德国、捷克斯洛伐克、越南等国的 20 多位科研人员、4 位技术员及 10 余位实验员组成的庞大研究集体。

20 世纪 50 年代正是第一代高能加速器陆续建成投入运行的时期。1955 年张伯伦和塞格雷利用美国 63 亿电子伏的质子同步加速器发现了反质子和反中子。1956 年秋，联合原子核研究所的 100 亿电子伏质子同步稳相加速器即将建成,而设在日内瓦的欧洲原子核研究中心的 300 亿电子伏质子同步加速器正在建设之中。联合原子核研究所的加速器在能量上只可能占几年的优势,因此,亟须选择一批有可能突破的研究课题,选择有利的技术路线,才能及时做出符合该加速器能量优势的成果。王淦昌以敏锐的科学判断力,根据当时面临的各种前沿课题,结合联合原子核研究所高能加速器的特点,提出了两个研究方向:(1)寻找新奇粒子——包括各种超子的反粒子;(2)系统研究高能核作用下各种基本粒子(π,Λ°,K°……)产生的规律性。工作分成 3 个小组并列进行,即新粒子研究(由王淦昌负责)、奇异粒子产生特性研究(由丁大钊负责)、π 介子多重产生研究(由王祝翔负责)。

在联合原子核研究所加紧进行 100 亿电子伏高能加速器建设时,没有配备相应的探测器。利用高能加速器进行基本粒子研究的优势在于选择有利的反应系统,全面观察所要研究的粒子的产生、飞行、相互作用(或衰变)的全过程。根据这一特点,王淦昌小组果断地选择放置在磁场内可进行动量分析的气泡室作为主要的探测器。气泡室的工作介质既是高能核作用的靶物质,又是基本粒子的探测器。为了争取时间,王淦昌提出抓紧建立一台长度为 55 厘米、容积为 24 升的丙烷气泡室,而不选用质量更好但要花费更多时间的氢气泡室。24 升丙烷气泡室于 1958 年春建成。

第二个问题是选择什么反应系统来研究新奇粒子及其特征。从发现反超子的角度讲,利用反质子束的 $\tilde{p}+p \rightarrow \tilde{Y}+Y$ 反应是非常有利的。1957 年王淦昌与肖健的私人通信中已谈到这一想法。但是要得到比较"纯净"的反质子束,必须用复杂的电磁分离系统,这在联合原子核研究所不是短期内能建成的。因此,王淦昌于 1957 年夏天提出利用高能 π^- 介子引起的核反应。这样可以把 π^- 介子引出至离靶很远的地方,可以大大减少本底。

王淦昌研究组于 1958 年秋开始了 6.8GeV/c π^- 介子与核作用的数据采集。1959 年春又建立了 8.3GeV/c 的 π^- 介子束,开始新一轮数据采集。前后总共得到了近 10 万张气泡室照片,包括几十万个高能 π^- 介子核反应事例。

因为反超子衰变的重产物一定是反质子或反中子,湮没星是鉴别其存在的确切无疑的标准。根据这一标准画出了反西格马负超子存在的可能的图像。王淦昌要求研究组每一位成员在扫描照片时十分注意与图像吻合的事例。1959 年 3 月 9 日,从 4 万张照片中发现了第一张反西格马负超子事例的图像照片,经过计算正与预期的一致,而且是一个十分完整的反超子产生的事例。

1960 年 3 月 24 日,王淦昌小组正式将有关反西格马负超子发现的论文送交国内的《物理学报》发表,同年苏联的《实验与理论物理期刊》也发表了这一研究成果。做出这个发现的有关成员是中国的王淦昌、丁大钊、王祝翔以及苏联、朝鲜、罗马尼亚、越南等国的科技工作者。王淦昌在整个工作中所起的主导作用是公认的。

王淦昌小组的这一发现首先在中国和苏联引起反响。《人民日报》《真理报》分别发表消息报道这一发现。两年以后,即 1962 年 3 月,当时世界上最大的加速器上发现了反克赛负超子。该中心领导人韦斯科夫指出:"这一发现证明欧洲的物理学家在这一领域内已与美国、苏联并驾齐驱了。"这一评价显然是就反质子和反西格马负超子的发现而言的。1982年王淦昌、丁大钊、王祝翔关于反西格马负超子的工作获我国自然科学奖（1956—1980）一等奖。

1972年，杨振宁访华时曾对周总理说，联合原子核研究所这台加速器上所做的唯一值得称道的工作就是王淦昌先生及其小组对反西格马负超子的发现。当然，这是指最重大的发现而言的。

3. 参与我国原子弹、氢弹的研制与试验

1958年年初，在苏联的帮助下，我国开始了核武器的研制工作。1959年6月，苏联领导人撕毁合同，拒绝提供原子弹模型及其图纸资料。中共中央和中国政府决心自力更生，尽快掌握制造原子弹和氢弹的技术，打破苏、美等国的核垄断。

王淦昌于1960年年底回国后，一直在思考下一步做什么工作。1961年3月底的一天，第二机械工业部部长刘杰和副部长钱三强约王淦昌教授谈话，拟请他到研制原子弹的九院任研究员。王淦昌慨然应允，第二天就到九院报到，开始工作。他和彭桓武、郭永怀分别担任了物理实验、总体设计和理论计算方面的领导工作。

王淦昌领导了有关炸药研究的工作。在他的指导下，成功地应用了新的注装工艺，提高了炸药部件的质量，还与其他单位协作，开展了新型高能炸药的合成和塑料黏结炸药的研制。以后研制成功的新型炸药在核武器发展中起了重要作用。为了加强对原子弹装置和机载航弹的设计和试验的技术指导，有关部门设置了4个专门委员会，王淦昌担任了冷试验委员会的主任委员。

爆轰试验最早是在河北省怀来县燕山的长城脚下进行的。王淦

昌、郭永怀亲临爆轰试验的第一线。在一年之内，他们做了上千个实验元件的爆轰试验。后来，为了开展更大型爆轰试验，王淦昌又来到海拔 3000 多米的青海高原。1963 年上半年，开展了一系列缩小尺寸的局部聚合爆轰试验，取得了对爆轰规律较完整的认识。1963 年，进行了缩小尺寸的模型爆轰试验。这次试验解决了研制原子弹的一个很关键的技术问题，为原子弹的设计和核爆试验打下了可靠的基础。

1964 年 9 月，王淦昌、彭桓武、郭永怀、朱光亚等科学家和九院领导来到了茫茫的戈壁滩。在聂荣臻元帅的领导下，在张蕴钰司令和物理学家程开甲的具体组织下，10 月 16 日 15 时，中国第一颗原子弹爆炸成功。当蘑菇云在戈壁滩上冉冉升起的时候，在场的不少科学家都流下了激动的眼泪。第一颗原子弹爆炸成功不久，研制氢弹的任务很快上马。1967 年 6 月 17 日，我国第一颗氢弹爆炸成功。

1982 年，王淦昌和他的同事们因核武器的研制和试验方面的贡献获得了我国自然科学方面的最高奖励。

王淦昌为研制原子弹、氢弹立下了汗马功劳。但他研制核武器是为了打破苏、美的核垄断，是为了最终彻底禁止和全面销毁核武器。他更关心的是核能的和平利用，使核能造福于人类。早在"两弹"成功以后，他就希望我国的核科技队伍转向核电站的研制。然而，他的理想只有在"四人帮"垮台之后才有可能实现。为了纠正片面抓"军用"、严重忽视"民用"，他抓紧一切机会，向党中央、国务院领导同志，向社会各界大力倡导和平利用核能的事业，他的呼吁产生了巨大的影响。

1978年国庆节前后,他和第二机械工业部其他4位专家联名上书中央,提出发展我国核电的建议。为了学习外国核电发展成功的经验,他于1979年3—4月,率领核能代表团访问美国、加拿大。为了使我国领导人对核能有一个更全面的了解,1980年他主动要求到中央书记处举办的"科学技术知识"讲座讲了《核能——当代重要的能源之一》。1983年1月,王淦昌参加了论证我国核电发展方针的回龙观会议。同年11月,王淦昌和第二机械工业部其他16位专家又向国务院提交《全国上下通力合作,加快原型核电站的建设》的报告。随着我国核电站计划的实施,王淦昌开始呼吁加强和平利用核能的国际合作。

4. 惯性约束核聚变的研究

为了使我国的核能事业能接近或赶上世界先进水平,为了解决人类对能源的长远需要,和平利用聚变能,王淦昌更加致力于惯性约束核聚变的研究和组织工作。1984年9月10日,王淦昌以国家科委核聚变专业组组长的身份向国家科委领导提出"关于将受控核聚变能源开发列入国家长远规划重大项目的建议"。他指出:"从轻原子核的聚变反应中获取能量,将为人类社会提供几乎是无限的、清洁的、安全而廉价的动力。……在2030年前后,聚变能的应用可能进入商业应用阶段。……美国、苏联、西欧和日本都制定了近远期的发展规划,以求有效地组织力量,协调各分支技术的发展。……我国的核聚变研究起步并不晚,20多年来,……逐步形成了一支科研队伍,为进一步发展奠定了基础。但由于国家对发展核聚变没有明确方针，缺乏统一领导和规划，加上其他方面的原因，进展缓慢，比先进国家落后了 15—20 年。为此，我国的核聚变科研人员感到一种莫大的压力和不安，如不再抓紧工作，这差距还会越拉越大，我们将成为历史的罪人。……我们应接受我国核电站发展的经验教训，由于最初重视不够，没能尽早规划，起步太晚，以致影响了我国核电发展的速度。在聚变研究中，我们不应再重蹈覆辙。"建议提出后，王淦昌还在为受控核聚变研究的开展而不屈不挠地奋斗着。看来，王淦昌已把这项将造福于全人类子孙后代的科研项目作为他晚年的主要奋斗目标了。

王淦昌早在 1964 年就开始关注惯性约束核聚变的研究。1961 年 9 月，继美国科学家发现激光器之后仅 14 个月，中国科学院长春光机所成功研制出国内第一台激光器。1964 年，上海光机所把高功率钕玻璃激光器的输出功率提高到 10^8 瓦，发现了一些新现象。1964 年 12 月下旬到 1965 年 1 月初，第三届全国人民代表大会在北京召开。王淦昌与激光专家王之江在会上见了面。王淦昌询问了激光研究的现状和进展，提出了用高功率激光束打靶实现惯性约束核聚变的设想。王淦昌的这一设想与苏联科学家巴索夫的类似设想是几乎同时分别独立地提出的。随后，王淦昌写了一份报告。王淦昌在报告中对利用激光驱动热核反应做了基本分析和定量估算，这已不是一种朦胧的科学设想了。

在王淦昌的倡议下，当英、法、德、日等国都还没有着手的时候，1965 年冬，王淦昌和邓锡铭、余文炎等在北京举行了有关激光聚变的小型座谈会。然而"文革"的动乱年代，把王淦昌和邓锡铭等激光工作者与国外的激光研究隔绝了整整 7 个年头，这期间不少外国人大大超过了我们。

1978 年年底，在王淦昌的全力争取下，原子能研究所建立了惯性约束核聚变研究组（7 室 7 组），并着手建造强流加速器，为尽快用带电粒子束引发核聚变做准备。1980 年 5 月，他用王京的名字发表了《带电粒子束惯性约束聚变研究现状》一文，在内部交流。1981 年，他又建议将聚变研究组扩建为一个室（14 室），并准备在这个室同时开展准分子激光的研究。1982 年 5 月，他在惯性约束聚变讨论会上发表了《国际上惯性约束核聚变（ICF）研究情况简介和对我国这方面工作的意见》。

王淦昌亲自带领核科学和激光两个领域的队伍，做了全面部署，在国内奠定了激光等离子体理论，诊断以及靶的设计制造的理论、实验和技术基础。他和光学专家王大珩一起，在指导研制输出功率为 10^{12} 瓦的大型激光装置方面也花费了很多心血，进行了一丝不苟的严格指导，使得这个大型装置能按研制方案在三年半时间内基本建成。总之，在王淦昌的参与和支持下，我国有关惯性约束核聚变和准分子激光器的研究已取得不少成果，在国际学术会议上得到好评。

除了上述学术成果，抗战时期，王淦昌在贵州湄潭浙江大学还做过有关宇宙线的新实验方法、γ 射线的化学效应（与蒋泰龙合作）和磷光体等实验研究。王淦昌曾对学生说："不要认为物理学的研究工作只有钻研纯理论和做实验两个方面，还有第三个方面，那就是归纳、分析和判断杂志上所发表的人家的实验方法、数据和结论。这种工作是给理论工作搭桥的，是推动实验工作前进的。"王淦昌抗战时期的若干工作（包括探测中微子的建议）就是这种"搭桥"工作。

正如王淦昌的老师吴有训先生所评价的那样："王淦昌是个全才，实验与理论都行。"王淦昌不仅重视实验工作，也十分重视理论物理。他在湄潭期间，也曾做过两项理论研究。

1947 年到 1948 年，王淦昌曾赴美国做学术研究，与美国学者 S. B. 琼斯合作研究了介子的衰变。新中国成立后，他在物理研究所负责领导宇宙线方面的研究，与肖健、郑仁沂、吕敏等发表了一系列研究报告。在苏联杜布纳联合原子核研究所，王淦昌小组还有另一项值得一书的工作——用动量为 70 亿电子伏 /C 和 80 亿电子伏 /C 的 π^- 介子产生 Ξ^- 超子。1978 年美国劳伦斯实验室编辑的关于基本粒子测量的年报中，Ξ^- 粒子的观测值一栏内排在最前面的一组数据的观测者是"Wang"，虽然该测量值与以后的精确值相比有很大的误差。

1985 年 4 月，西柏林自由大学在联邦德国驻华使馆授予王淦昌荣誉证书，以纪念他在柏林大学获得博士学位 50 周年。这种荣誉证书是专为获博士学位 50 年后仍坚持在科学第一线工作的科学家而设立的。人们称这样的科学家为"金博士"，王淦昌是当之无愧的。

三、教育家、组织家、高尚的人

王淦昌在粒子物理与核物理的研究与应用上做出出色贡献的同时，也为祖国培养了一批科学家，做了大量科学组织工作与学术领导工作。他的高尚的品格，感召了许多与他接触过的人。

1. 杰出的教育家

王淦昌不仅是一位杰出的科学家，也是一位杰出的教育家。早在山东大学物理系任教时，他负责近代物理方面的教学，为了准备必要的实验设备，除向德国订购一部分外，许多简单的部件由王淦昌带领助教、学生、技工动手试制。到浙江大学物理系后，由于他年轻、天真、直率、热诚，赢得了"娃娃博士"的昵称。抗日战争爆发后，从 1937 年 11 月开始，浙江大学由杭州迁往建德，年底又迁往江西吉安。1938 年 2 月迁往江西泰和，8 月又迁往广西宜山。在迁徙流亡过程中，只要有几周的间歇时间，他就要打开仪器箱，为学生开实验课，甚至在宜山日机空袭轰炸频繁的时候，他都不愿停止他和化学系学生钱人元合作的实验工作。在流亡途中，他对学生十分关怀。学生缺乏棉衣，他把老师叶企孙送他的旧大衣转送给学生；学生的行李在敌机的轰炸中被焚毁，他就把家里的棉被捐出来；学生患了病，他就从经济上给予帮助……尽管是在颠沛流离的日子里，但他始终坚持阅读最新的物理学期刊。1935 年 2 月，哈恩关于重核裂变的发现和迈特纳关于这种现象的解释相继发表。王淦昌在读了这些报告之后，就在当年 7 月物理系的"物理讨论"课上做了介绍。

1940 年，浙大迁到贵州遵义。一年以后，物理系又迁到遵义附近的湄潭。在贵州的 6 年半中，王淦昌不仅完成了丰硕的科研成果，也承担了繁重的教学工作。他主动承担了讲授电磁学、热力学、光学等课程的任务，把全部基础课程教了一遍，此举也大大巩固了他的理论物理基础。他在讲课中鼓励学生们独立思考,在课堂中与同学们展开热烈的讨论。王淦昌通过教学,使学生们了解到:要做出一个科学发现,建立一个理论,绝不是轻而易举的。他常常告诫学生的一句口头禅就是:"罗马不是一朝一夕建成的。"

王淦昌在浙大物理系大力提倡自由争论的学术氛围。他和束星北教授是十分要好的挚友,也是物理讨论会上相互争论最激烈的对手。他们俩为追求真理而热烈争论的精神在浙大一直被传为美谈。诺贝尔物理学奖获得者李政道是在 1943 年进入浙大物理系的。虽然他在浙大只待了一年多,但对王淦昌、束星北教授与他做过的讨论仍记忆犹新,是他们激起了他对物理学的热情。

王淦昌在教学中还十分重视物理学与其他学科的结合。他曾向化学系学生讲授过物理化学课,指导过化学系学生钱人元、蒋泰龙的研究工作。他也曾指导过气象学研究生叶笃正的研究论文《湄潭近地层大气电位的观测研究》。他还鼓励物理系毕业生梅镇安去研究生物物理。

王淦昌在浙江大学物理系 10 多年的教学生涯中,培养出了像胡济民、邹国兴、程开甲、冯平观、忻贤杰、汪容、吕敏这样一些物理学家,还培养出大气物理学家叶笃正、物理化学和高分子物理学家钱人元、生物物理学家梅镇安、物理学史家许良英等我国著名的学者。

新中国成立后,他又在实际工作中培养出了像唐孝威、丁大钊、王祝翔、王乃彦等一大批实验物理学家。在激光惯性约束核聚变的研究中,许多中青年激光专家如邓锡铭等也都承认受益于王淦昌先生的支持、帮助与教导。几十年来的教学与研究生涯,王淦昌差不多培养了三代科学家。在苏联杜布纳联合原子核研究所中,他也指导帮助了王淦昌小组中的苏联、罗马尼亚、捷克斯洛伐克、朝鲜、越南等国的同行。王先生真是桃李满天下啊!

2. 踏实而有远见的科学组织工作者

1950年以来,王淦昌在一些科学行政工作岗位上也表现出了他作为一位踏实又有远见的科学组织工作者的才能。

1952年,他在近代物理所主持制定了该所的第一个五年计划。该计划指出:该所要"以实验研究为重点",强调了实验设备的建造。"原子核物理研究中,以基础研究为中心,并准备原子能应用的条件。""宇宙线研究以宇宙线与物质作用为重点……建立和充实高山实验站。""理论研究配合本所实验方面的发展,逐渐开展原子核物理及宇宙线两方面的理论研究。"这个计划为该所的健康发展制定了切实可行的蓝图。王淦昌具体领导了这一计划的实施。1956年3月,中国科学院数理学部的叶企孙、饶毓泰、周培源、王竹溪、钱临照等9名学部委员在王淦昌的陪同下参观了该所后,"感到中国的物理学今天才真正生根了"。以后,这个所为研制原子弹、氢弹的事业输送了大批物理实验与理论方面的人才,做出了重大贡献。

在苏联杜布纳联合原子核研究所,王淦昌领导一个研究组(后当选为副所长),做出了该所最重要的贡献——发现反西格马负超子,受到了该所各国学者的尊敬与好评。他在该所工作期间,组织他的小组中的中国实验物理工作者学习理论物理,请中国的理论物理工作者定期做报告,并亲自参加听讲和讨论。这不仅提高了实验工作者的理论水平，对理论工作者也是一种鞭策和促进。

"十年浩劫"期间，尽管周总理采取多种保护措施，"文化大革命"还是波及了王淦昌所在的九院。

1969年春，作为九院副院长的王淦昌接受了我国第一次地下核试验的任务。在"文革"动乱中要完成这项任务，困难比过去要大得多。王淦昌完全是靠自己"身先士卒"的行动，靠个人的威望，靠科技人员和工人对他的尊敬和信任来开展工作的。由于高原缺氧，他曾长期背着氧气袋坚持工作。由于任务紧、工程量大、地下坑道的通风设备跟不上，以致地下工事中氡气浓度不断增加，危及工作人员的健康。他立即组织人员监测，研究分析原因，从洞内搬走一些放射性物质，并采取必要的安全措施。经过几个月紧张的工作，克服重重阻力和困难，终于保证在1969年9月23日成功地进行了我国首次地下核试验。

1975年在第二次地下核试验中，作为研究院的现场技术负责人，王淦昌全面负责各项技术工作，日夜坚持在第一线工作。在完成各项准备工作之后，人们向他做了详细汇报，他还不放心。他不顾人们的劝阻，不顾种种困难，硬是爬进洞内做了最后一次现场检查。

王淦昌曾在世界上物理学最先进的德国、美国、苏联学习、进修和工作过，并经常出席国际会议，出国参观访问。他熟悉当代物理学发展的历史和现状，深知我国科学事业的弱点和已有的基础及今后发展应走的道路。他知道，我们国家还比较穷，科学技术还比较落后。为了更快、更好地开展我国的现代化建设，培养现代化建设所需要的科技人才，我们不能没有自己的基础科学队伍，不能没有基础科学理论与实验技术的储备。要实现科学技术现代化，决不能跟在科技先进的国家的后面亦步亦趋地爬行。"真正的新技术是引不来的"，必须发挥我们中国科技人员的聪明才智，根据我们自身的特点，有所创造，有所发明。王淦昌在从事科学组织工作时，一贯注意理论与实验的结合，基础、应用与开发工作的结合，注意多学科的协调，注意"军用"与"民用"的结合，注意长远目标与近期任务的结合，重视科学家、工程师与技术工人的结合。他在组织领导工作中，一贯以身作则，亲临科研、生产第一线，实事求是，作风民主，平易近人。这些优良的品德是他成为一个有影响力、号召力的科学组织工作者的重要原因。

3. 真诚、高尚的人

王淦昌是一位爱国主义者。他生于腐朽没落的清代，在民国时期看到军阀与国民党政府的腐败，目睹外敌入侵、国土沦丧，经历了颠沛流离的逃亡生活。他对抗日志士们抱着至深的敬意。1937年"八一三"事变后，为了支援抗日战争，他捐献了家中积蓄的全部白银和首饰。在浙江大学流亡途中讲授军用物理，用自己的知识为民族解放事业服务。新中国成立后，他以粒子物理的研究成果为国争光，基本粒子发现者的名单中终于第一次列上了中国人的名字。他努力培养、建设核物理的队伍与设备，以适应国家的需要。20世纪60年代以后，他直接参与了核武器研制的领导与研究工作，使我国进入了世界核大国行列，增强了祖国的国防实力与国际威望。"文化大革命"使祖国的科学事业与核工业均遭到极大的摧残与破坏。

他痛恨林彪和"四人帮",深切感受到周总理对祖国科技事业和知识分子的关怀。1976年清明节前,他不怕"四人帮"之流的威胁,和其他几位到北京出差的同志一道抬着献给周总理的花圈,从六部口步行到天安门广场,将花圈安放在人民英雄纪念碑前。花圈上醒目地写着"王淦昌敬献"的字样。

作为一位科学家,王淦昌也是一位国际主义者,他像世界上一些原子能科学家一样,表现出高度的社会责任感。他以强烈的愿望和高昂的热情从事和平利用核能的事业,特别是核聚变能的控制与和平利用,以使人类永远摆脱能源危机。这是需要全世界的科技人员共同努力奋斗的事业。作为新中国的核物理学家,他希望中国的科技工作者能在这项有重大历史意义的事业中做出自己应有的贡献。正是这种高度的历史责任感,这种高度的国际主义与爱国主义精神,使他不顾年近八旬的高龄,不断为"受控核聚变能源开发"这一科研项目、为发展我国的核电事业和加速器等仪器制造工业、为发展我国的高新技术,不遗余力地既奔走呼号,又埋头苦干。

王淦昌是一位杰出的科学家,还是一个高尚的人。他热爱真理,主持正义,不畏强暴,同情受难者,先人后己,乐于助人,真诚坦荡,谦虚可亲,平易近人。他不怕"四人帮"之流的淫威,横眉冷对。他不怕受牵连,对他那些饱受折磨和歧视的被错划为"右派"的同事和学生,给予最可贵的信任、精神上的鼓励和经济上的支援。他对人有自己的价值标准,不是看人的地位高低、权力大小,而是看他对祖国、对人民、对科学的贡献和为人的品德。他的学生、助手病了,他都要去探望。在教学与工作中,他是学生和助手们的严师,要求大家学习、工作一丝不苟;在日常生活交往中,他给予大家的则是父兄般的爱!

　　限于篇幅和作者的水平,我们无法对王淦昌先生多方面的贡献和他高尚的精神境界做更为详尽精确的描述。王淦昌的光辉经历蕴含着无数精神财富,还有待我国的物理史家和科学社会史家做进一步的发掘。

(作者:范岱年　亓　方)

郭永怀

中国卓越的力学家[1]

郭永怀

(1909—1968)

---

[1] 在此，笔者特向李佩、范岱年、史超礼三位教授的大力支持与指导表示衷心感谢。

郭永怀是我国卓越的力学家、应用数学家，他是我国近代力学事业的组织者和奠基人，也是我国核武器研制单位的主要技术领导人之一。他在发展我国的国防事业方面，在发展空气动力学、气体动力学、爆轰学以及新兴的力学科学方面，在培养科技后继人才方面都做出了杰出贡献。1968年年底，郭永怀从西北核试验基地返京时，因飞机失事不幸遇难，被授予烈士称号。郭永怀虽然只走过了59年的生活道路，但他为国际所公认的科学成就、严谨认真的治学态度、朴实正直的思想品德、勤奋刻苦的工作作风，受到人们的普遍爱戴与敬仰。

一、早年的求学经历（1909—1940）

1909年4月4日，郭永怀出生于山东省荣成县西滩郭家村的一个农民家庭。郭家世代以务农为主要生计。郭永怀的父亲郭文吉排行第二。他略通文墨，挑起了当家人的重担。郭永怀的三叔郭文秀曾念过十几年书，虽多次赶考，但终未及第。他在村里办了一个初级小学校，收费很低，左近三个滩的适龄儿童一般都有条件在这儿念点书。1919年春，在郭永怀10岁的时候，父亲把他送去念书。郭永怀在村里读了三年初小。1922年春，他来到石岛镇，在明德小学读高小。明德小学在当时已是一所新型学校，郭永怀在此受到比较正规的教育。他勤奋好学，资质聪颖，在明德小学读书时，成绩总是名列前茅。1926年1月，郭永怀以优异的成绩从高小毕业，考入青岛大学附属中学。面对当时中国的内忧外患，郭永怀和莘莘学子一样，很早就抱有科学救国、读书救国的愿望。

1929年夏，郭永怀在青岛大学附属中学初中毕业，他准备继续求学。尽管家中经济状况并不很好，但在父兄们的支持下，当年9月，郭永怀只身来到天津，考入南开大学预科理工班。预科班学制两年，相当于高中。但由于课程大都由教授任教，选用的教材也多是优秀的英文原版书，因而预科班学生的实际水平比一般高中生要高。

上预科班的两年，对郭永怀影响较大的有申又枨教授。申先生是中国数学界老前辈姜立夫先生的高足，他担任预科班数学的教学任务，对学生要求很严，经常布置大量的习题。这样大大加强了学生们的数学功底，也培养了学生对数学的兴趣。上预科班的两年，郭永怀对数学产生了浓厚的兴趣，同时也打下了坚实的数学基础，为他以后专门从事空气动力学的理论研究创造了条件。

郭永怀在上预科班期间还曾同几个志同道合的年轻人发起成立了一个新颖的读书会——"微社"。"微社"成员共有6个人。他们每周举行一次讨论会，大家轮流介绍自己的学习心得，交流学习经验。这个小小的读书会虽然没有探讨过什么高深的学问，但培养了年轻人好学上进的精神，对他们后来的学术生涯影响很大。当年的成员胡世华先生曾这样回忆："正是'微社'培养了我们做学术研究的兴趣。"

这期间，郭永怀还对摄影产生了兴趣。他买了一架德国产徕卡相机，一边学摄影，一边细致地研究照相机的原理。为此，他准备日后专修光学。

1931年7月，郭永怀预科毕业并顺利转入本科，凭借他在数学上的专长和对光学的浓厚兴趣选择了物理学专业。

南开大学的物理系是我国老一辈杰出的物理学家饶毓泰创建的。郭永怀在南开读预科时，饶先生已前往德国，这使物理系的力量大大削弱。郭永怀所在班的物理课程由刚从麻省理工学院毕业回国的卢祖治任教，助教则是南开大学本科毕业留校的吴大猷，他主要负责指导学生的物理实验。而在郭永怀转入本科时，物理教师更是缺乏（吴大猷于当年赴美留学）。后来他听说电机系有一位顾静薇教授是搞物理的，便投到她的门下，成了她唯一的物理专业的学生。郭永怀良好的数学基础和不倦的求学精神深得顾先生赏识。她为他单独开课，使他在学业上有很大长进。顾先生的引导和帮助对郭永怀影响很大，师生间的关系亦很密切。

1932年8月，饶毓泰先生回国并于1933年应聘担任北京大学物理系主任。顾先生认为，郭永怀应当到光学专家饶毓泰那儿去深造。当时南开大学经费紧张，拟缩小学生编制，鼓励学生转学。郭永怀便参加了北京大学的入学考试。1933年9月，郭永怀如愿进入北京大学物理系，插班在三年级学习。

优良的学习环境加上郭永怀的勤奋好学，使他扎扎实实地掌握了各门课程。1935年郭永怀毕业时，他的成绩在整个物理系名列前茅。

郭永怀本科毕业后，饶毓泰先生留他做自己的助教和研究生。饶先生认为郭永怀应当出国继续深造，为此尽量不给他安排更多的工作，以便给他足够的时间准备参加英、美庚款留学生考试。所以，这段时间郭永怀的主要精力都放在充实和巩固自己的知识上。除此之外，郭永怀还进行了一些物理学研究工作。例如，由于饶先生提议，郭永怀参与了吴大猷、郑华炽等教授已经进行的拉曼效应的研究工作。虽然因为从事研究的时间很短，没有取得多大进展，但这是他从事科学研究的开端，使他在科研实践上得到了一些锻炼。

1937年7月7日，卢沟桥事变爆发。北京大学、清华大学、南开大学都停课解散。国民党政府决定将这三所学校南迁长沙。北大的学生有的随校来到长沙，其他的也都各奔东南，郭永怀则回到他的家乡，并应聘在威海中学任教。郭永怀在威海中学教授数学和物理。他在认真细致地教学的同时，还注意引导学生注重科学技术，勉励学生发愤图强为民族争气。郭永怀对教师内部的派系斗争，总是退避三舍。郭永怀为人朴实正直，学识渊博，虽然仅在威海中学任教半年，却深受学生们的爱戴。

1938年3月7日，日军侵占了威海，威海中学师生全部离散，郭永怀也即离开威海。5月前后，郭永怀辗转来到昆明西南联合大学。

同当时许多年轻人一样，民族危亡增强了他的民族责任感，同时更坚定了他科学救国的信念。他觉得，要使国家强盛起来，首先要发展军事科学技术，发展航空事业，为此在西南联大期间，他放弃光学，立志学习航空工程。当时与航空密切相关的力学科学正蓬勃发展，郭永怀自听周培源教授开设的"流体力学"课程后，便开始步入空气动力学研究的科学道路。

1939 年夏，中英庚款留学生委员会举办留学生招生考试。出国留学对青年人来说是难得的深造机会。虽然招生人数只有 22 人，但报考人数超过 3000 人。郭永怀报考的力学专业仅招收两名，结果他与钱伟长两人被录取。从此，郭永怀开始了长达 16 年的留学生活。

二、留学和科学研究生涯（1940—1956）

1940 年 9 月，郭永怀来到位于加拿大东部的多伦多大学。他和钱伟长、林家翘进入应用数学系，在系主任辛吉教授指导下从事硕士论文研究工作。

多伦多大学对硕士生的要求侧重基础课的学习（论文则放在次要位置上），以便为攻读博士学位打下坚实的基础并积累研究经验。郭永怀在国内曾做过拉曼效应和湍流理论的研究。由于他基础扎实且有研究经验，因此，在多伦多大学修课和从事论文研究工作都比较轻松。

郭永怀与钱伟长、林家翘一起在多伦多大学只用了半年多的时间就完成了硕士论文。郭永怀以论文《可压缩黏性流体在直管中的流动》获硕士学位。他们的优异成绩与取得的出色成果使导师辛吉教授大为赞叹："想不到中国有这样出色的人才，他们是我一生中很少遇到的优秀青年学者！"

对于立志献身空气动力学的郭永怀来说，在航空大师西奥多·冯·卡门身边学习和工作是再理想不过了。郭永怀和林家翘获得硕士学位之后便准备前往美国，这使辛吉教授感到很失望。因为那时研究生并不多，而且像他们这样优秀的人才更少。但为了他们的前途，辛吉教授还是支持他们投奔名师，成就学业。1941年5月，郭永怀比林家翘稍后来到加州理工学院。

加州理工学院的古根汉姆航空实验室在冯·卡门的领导下，当时已成为名副其实的国际空气动力学研究中心。这里优越的研究条件、浓厚的研究气氛、频繁的交流活动及优良的学术传统，为郭永怀在空气动力学领域一试身手创造了最佳条件。

20世纪40年代是航空科学技术探索突破声障的重要时期。当时，喷气发动机已跨过幼年期，正步入成熟期，航空材料、工艺和控制技术等也获得很大发展，然而一项重要的理论问题——跨声速空气动力学尚处于探索阶段。历史表明，凡是空气动力学方面取得的重大突破，往往促使飞行器更新换代。因此，要想克服声障，实现超声速飞行，很大程度上有赖于跨声速理论的建立。

跨声速空气动力学已成为这一时期的前沿课题。在跨声速研究中，如何选择飞行器的几何形状以减少动能损失、如何解决跨声速流动的不连续，便成了问题的关键。当郭永怀向导师冯·卡门提出进行跨声速流动的不连续性问题的研究时，这位热情的大师非常高兴，他很钦佩这个年轻的中国学者的胆略，并尽力为他提供良好的研究条件。从此，郭永怀全力以赴投入这项工作。他深知借鉴他人的成果和经验教训的重要性。他广泛查阅各种文献资料，密切注意国际最新研究动态和研究进展，同挚友钱学森共同切磋商讨。1945年，郭永怀终于以顽强的毅力和信心，凭借他在数学、物理学及空气动力学的扎实功底，完成了有关跨声速流动不连续解的出色论文，获得博士学位。钱学森先生对此做了恰如其分的评价："郭做博士论文找了一个谁也不想沾边的题目，但他孜孜不倦地干，得到的结果出人意料。"

郭永怀获博士学位后，留在古根汉姆航空实验室做研究员，继续从事跨声速空气动力学研究。1946年，他和钱学森合作完成并发表了重要论文《可压缩流体二维无旋亚声速和超声速混合型流动及上临界马赫数》。这篇论文求解得出了同时具有亚声速和超声速流的混合型流动，并且改善解式的收敛速度，发展了速度图法。此外，他们首次提出上临界马赫数概念。在此之前人们只注意下临界马赫数，他们指出，对应的来流马赫数再增加，数学解会突然不可能，即没有连续解，这就是上临界马赫数。钱学森指出："真正有实际意义的是上临界马赫数而不是以前大家所注意的下临界马赫数，这是一个重大发现。"冯·卡门对此也给予了高度评价。这篇论文还得出了一个有实际意义的结论：在二维可压缩流体绕某一物体做无旋等熵流动的流场中，存在有亚声速和超声速的混合型流动。关于是否存在无激波超声速区的问题在当时一直是有争议的，郭永怀和钱学森的结果从正面予以肯定，后来也得到了实验证实。

此后，郭永怀在古根汉姆航空实验室又把他们的工作推广到具有环量的情况以及绕翼型流动的情况。这两项工作更为复杂，但更具有实际意义。

20世纪40年代，郭永怀、钱学森、利普曼等人成功地解决了跨声速飞行中的空气力学理论问题。而后，英国的M. J. 莱特希尔予以系统总结，使跨声速理论比较完善地建立起来。力学上有关理论的建立和工程上后掠机翼的采用，使跨声速飞行成为现实，力学对突破声障起了关键作用。1947年10月14日，人类首次突破声障，实现超声速飞行。这不能不归功于先驱者的努力，而郭永怀正是这样的先驱者之一。

1946年，冯·卡门的优秀学生西尔斯在康奈尔大学创办航空研究院，由于郭永怀的才能和他所取得的出色成就，西尔斯教授特地聘请郭永怀前去任教并共同主持该研究院。1946年10月，郭永怀来到康奈尔大学担任副教授并于1955年晋升为正教授。

航空研究院的规模不大，却颇具古根汉姆航空实验室的风格。作为主持人的郭永怀和西尔斯教授都是冯·卡门的学生，他们继承和发扬了古根汉姆航空实验室的优良学术传统，使这里的研究气氛非常浓厚。研究院的研究课题大都来自军方和美国国家航空咨询委员会，密切结合工程实际又是该研究院的一大特色。研究院的另一位主持人阿瑟·坎特罗维茨是一位多才多艺的人，他的研究范围很广，并且在许多领域都有重要成果。郭永怀是一位善于求教的人，他和这些人一道工作无疑大大拓宽了自己的知识面。他回国后能在许多新学科中做开拓性的指导工作，与他在康奈尔大学的进一步学习和充实有很大关系。

郭永怀除从事研究外，还担任教学和指导研究生工作。他讲授的课程有"稀薄气体动力学""黏性流体力学"等。他在康奈尔大学指导过几名研究生和助手，有美国的、日本的和中国的。由于郭永怀的严格要求和出色指导，这些人后来大多成了知名学者并担任了重要的学术领导职务。

康奈尔大学航空研究院的10年是郭永怀成就卓著的10年。在此期间，他除继续从事跨声速理论研究并在跨声速流的稳定性方面取得重要成就外，把主要精力放在黏性流体力学和高超声速空气动力学研究上。

郭永怀在黏性流体力学方面做了大量工作，主要成就是PLK方法和激波与边界层相互作用的研究。在天文学、力学等学科中，常常遇到解含有小参数的非线性微分方程问题。这类问题通常非常困难。19世纪末，天文学家林德斯泰特在研究行星轨道的摄动问题时，利用小参数的幂级数展开表示原问题的解。1892年，法国数学家、物理学家庞加莱对这种展开法给予了严格的数学论证，由于这种方法应用起来常发生奇异性，所得到的解有时在某些区域失效，因而他尝试对自变量也做级数展开，从而解决了部分困难。1949年，英国的莱特希尔发展了庞加莱的思想，把自变量坐标也进行展开，这就是变形坐标法，它又可解决一大类奇异性问题。20世纪50年代前后，郭永怀研究平板的黏性绕流问题，他在考虑这一问题时，敏锐地抓住了坐标变形法的思想并把它同普朗特的边界层理论结合起来，解决了长期存在的平板前缘的奇异性问题。1956年，钱学森系统总结了这一方法。他指出，"郭永怀的贡献在于将坐标变形法'乘以'边界层理论，克服了边界层理论的非一致有效性问题，把庞加莱和莱特希尔的方法做了有效的推广"。他把这一方法命名为 PLK 方法，即庞加莱-莱特希尔-郭永怀方法。值得指出的是，郭永怀的论文《中等雷诺数下不可压缩黏性流体绕平板的流动》得出了几个有重要实际意义的结果：

（1）求出了具有二级近似的阻力规律；

（2）得出平板前缘黏性区的扩展规律；

（3）求出一致有效的速度场。

PLK 方法是奇异摄动理论的一个重要方法，目前它在许多学科中得到越来越广泛的应用。

激波与边界层相互作用也是一个极为困难的问题，由于问题不允许像边界层理论那样把边界层分开处理，所以没有现成的方法。实际上即使现在也还没有很成熟的理论，实验研究也没有把问题弄得很清楚。郭永怀对这一问题进行了探索性研究。1953 年，他先后发表了两篇论文（第一篇与里特尔合作）——《弱激波从沿平板的边界层的反射》Ⅰ、Ⅱ，得出了若干作用规律，其中有的与实验结果是一致的。

航天技术在 20 世纪 20 年代揭开序幕。到了 20 世纪 50 年代，火箭技术已成为十分活跃的前沿阵地。1954 年召开的地球物理学国际会议建议有关国家在 1957—1958 年国际地球物理年期间发射第一颗人造地球卫星。发射地球卫星，运载工具是关键。要克服地球引力，运载火箭必须达到第一宇宙速度。因此对于理论基础的空气动力学来说，高超声速（$M>5$）问题自然成了首要突破口。郭永怀及时注意到这个动向，很早就开始了探索研究。1953年，郭永怀研究了沿高超声速运动平板的黏性绕流，而后他又研究了普朗特数对绕平板的高速黏性流的影响。他还和中国学者潘良儒合作研究了高超声可压缩黏性流体绕楔的流动，有关论文于1956年发表。这篇文章重点探讨了在高超声速马赫数下由气动加热产生的熵增问题。

郭永怀曾对高超声速黏性流的离解效应进行了成功的研究。这是尝试性的，也是开拓性的研究。这个课题当时介入的人很少，郭永怀是最早的研究者之一。

20世纪50年代是高超声速空气动力学研究的活跃时期，郭永怀在这个新的重要研究领域中做了最大工作。这期间他发表的有关论文，许多都具有开拓性和倡导性。他在国外的这些创造性工作受到国际学界的普遍重视与公认。

三、开拓我国的力学事业

1956年11月，郭永怀放弃了他在美国已获得的优越研究条件和社会地位，回到阔别16年的祖国。

郭永怀回国后担任中国科学院力学研究所副所长。力学研究所于1956年1月5日正式成立，钱学森担任所长，建所初期，钱伟长兼任副所长。郭永怀来到力学研究所后，同其他创建人一道，为建设和发展力学研究所做了极大的努力，使力学研究所很快成长起来。

1956年我国开始制定"十二年科技规划"，郭永怀即投身到这一规划的制定中。他担任科技规划力学专业组副组长职务。他和著名科学家周培源、钱学森、钱伟长等一道，规划了我国高等院校力学专业的设置；他和力学专家运筹帷幄，认真研究了近代力学的发展方向，开拓了一些有重要意义的新领域，制定了学科的近期发展规划和远期奋斗目标，使我国力学学科的面貌大为改观，特别是近代力学科学技术一起步就有很高的基准，仅短短几年，某些方面已接近于世界先进水平。

郭永怀回国后积极倡导开展有重大意义的新兴力学科学研究。他开拓并领导的有高超声速空气动力学、电磁流体力学和爆炸力学。

20世纪50年代，航天事业的大力发展促进了高超声速空气动力学的发展。为了在国内尽快将这一重要领域的研究工作铺开，1961年，郭永怀把在北京的许多老、中、青空气动力学工作者组织起来，成立了高超声速讨论班。讨论班每周一次的例会，郭永怀总是风雨无阻，亲临指导。这个讨论班开展了许多前沿领域重大课题的研究，郭永怀本人也提出了许多精湛见解。1961年，郭永怀指出，对于钝锥绕流，在一定情况下，后身流场中可能产生"悬挂激波"，并给出了产生二次激波的条件。1964年，他比国外早几年提出开展"云粒子侵蚀效应"的研究设想。当时他解释说"我总觉得弹头穿过核爆区，灰尘粒子会有影响"，后来"云粒子侵蚀"问题成为实现"高超声再入"相当重要的课题。

郭永怀曾提出钝体绕流头部的激波层分析方法。由于高超声速绕流会在钝体后身的表面附近形成熵层，郭永怀提出了熵层分析的方法，获得了满意的压力分布和其他物理量的分布，并且解释了压力过度膨胀和回升现象。此外，郭永怀还对钝体高超声速绕流的最大熵值线、高温气体效应以及钝体绕流的激波形状等研究工作做出了贡献。

热障是高速飞行（$M>2.2$）必须有效克服和解决的难题。郭永怀很早就认识到必须在飞行器表面涂上烧蚀材料克服热障。他在倡导国内开展烧蚀机理研究的同时，还强调大力开展实验研究。多年来，有关单位按照郭永怀的想法，开展了大量的烧蚀理论和实验研究。我国返回式卫星和洲际导弹的试验成功，标志着我国在突破热障方面取得了成功，这里面凝聚着郭永怀的一份心血和贡献。

高超声速讨论班进行了一系列探索工作，取得了许多前沿领域的重大成果。这些成果不断地推广运用到工程实践部门，为我国的航天与国防事业做出了贡献。正是由于郭永怀的出色组织才能和指导工作能力，这个讨论班达到了当时的世界先进水平。

郭永怀极为重视理论研究与实验研究结合。为了在力所能及的情况下开展高超声速实验研究，郭永怀指出："就像高能物理研究那样，我们不能搞昂贵的大型高能加速器，但可以用小型设备来观测宇宙线。我们搞气动研究的，不能一上来就搞大型风洞，而搞激波管和激波风洞却是力所能及的捷径。"在他的提倡并直接领导下，力学研究所很早就筹建这两项实验设备，并使这些设备建成并投入使用，从而为基础研究和国防任务提供了大量可靠的数据，也为建设我国气动中心的同类设备提供了经验。更为重要的是，通过建设这些设备和开展实验研究，培养了一批既懂实验技术又会理论分析的人才。

电磁流体力学是20世纪40年代出现的一门新学科。20世纪50年代，由于能源危机迫在眉睫，也由于高超声速空气动力学中电离现象的出现，这门新学科引起了更为广泛的重视。郭永怀抓住这个势头，1961年在力学所亲自筹划建立了电磁流体力学研究室。在磁流体力学研究初期，大家对此不甚熟悉，郭永怀便组织每周一次的讨论会。随后，他以敏锐的眼光为这个研究室选定了三大重要课题：磁流体和等离子体稳定性、磁流体直接发电、同位素的电磁分离。郭永怀认识到，将来人类势必要从受控热核反应中获得大量能源，而其中出现的高温电离气体在受磁场约束时的稳定性乃是关键问题。事实也正是如此。在郭永怀的倡导下，这个研究室进行了磁流体稳定性的研究。他们的工作和取得的成绩受到国内外的关注。

郭永怀多年来像辛勤的园丁一样培育磁流体力学这株幼苗。"文化大革命"中，由于强调工程实际，电磁流体力学研究室竟被说成是"理论脱离实际的典型"。郭永怀毫不畏缩。他耐心地强调科研机构应该进行探索研究并重视基础研究。他指出，一旦生产上需要，基础研究就会变成巨大的生产力。在他的主持和指导下，这个室做出了一批成果，撰写了一批专著和论文。这支研究队伍成为我国这一研究领域的中坚力量。

20世纪50年代末，在郭永怀的倡导下，爆炸力学的研究在国内发展起来。他从培养爆炸力学专业人员入手，并对"爆炸成型""爆炸筑坝""铁路建设"等课题给予了关心与指导。此外，他还提出了爆炸力学的军事应用课题等。

郭永怀在力学研究所还领导了 6405 项目的研究工作。6405 是反导导弹系统 640 中的一部分，主要研究再入核弹头的识别问题。郭永怀从组织研究队伍开展研究、筹建实验设备等方面入手，迅速开展工作。这个项目搞的时间不长，但取得了不少成绩，例如解决了一些再入物理现象的理论问题。这些成果后来转交七机部，为该部的同类工作奠定了基础。

为了开展 6405 项目的实验研究，郭永怀身体力行，亲自领导了为解决再入物理现象所需实验设备（如电弧风洞、弹道靶装置和高温激波管）的筹建工作。为此，他花费了巨大心血。有的设备在他生前建成并投入使用，有的则在他牺牲后建成。他领导建设的这些设备为力学研究所及其他部门提供了大量的实验数据。

20 世纪 60 年代，力学研究所还承担了小型地对空导弹和氢氧火箭发动机的研制任务。郭永怀在这两个项目中都做过重要贡献。

郭永怀极为重视培养科技人才，他在回国前夕，就同谈镐生先生探讨过这个问题。回国后，他始终把它当作头等大事来抓，并做出了突出成绩。1956 年，我国恢复建立研究生制度，郭永怀积极筹划力学所的研究生培养工作。在第一次招生中，他一人就带了 5 名，后来又带过几批。由于郭永怀的严格要求和具体指导，这些同志很快成长起来。他们当中有许多已成为所级的学术领导人或博士生的导师，有的还成了知名的专家学者。

建国初期，我国的力学人才特别是中、青年力学工作者相当缺乏，为此，力学研究所和清华大学合办了工程力学研究班。1957年，第一届120多人参加的工程力学研究班开课了，郭永怀和钱伟长组织和领导了这个班，郭永怀在后期还担任了班主任。他除了负责全班的工作，还亲自执教，讲授《流体力学概论》。为了做到理论联系实际，郭永怀有意识地安排实验课。通过课堂学习和实验室实践，大家较快较好地掌握了所学知识。工程力学研究班后来又办了两届。郭永怀虽然不再担任班主任职务，但仍时时关心工程力学研究班的教学和学习。这三届工程力学研究班共有毕业学生290多人，现在这些人分布在全国各地各个部门，特别是在国防科研单位和重点高等院校的力学系或专业，他们起着顶梁柱的作用。

此外，郭永怀还曾兼任中国科技大学化学物理系的教学工作，并在近代力学系讲授《边界层理论》等。

郭永怀始终把自己比作一颗石子。他经常说：我们回国就是为了给国家培养人才，为国内的科技事业打基础，做铺路人。尽管教育不是郭永怀的主要工作，但他还是在力所能及的情况下，以各种方式培养了大批骨干人才，而且这项工作始终引起他高度重视。正如1961年他所写的那样："当前的打算是早日培养一批骨干力量，慢慢形成一支专业队伍。"随后他欣慰地说："由于几年的工作，已经见到效果。"

四、为航空航天事业贡献力量

郭永怀在开拓我国力学事业的同时，还为发展我国航空航天事业做了许多有益的工作。

1957年10月4日，苏联发射成功第一颗人造地球卫星，震动了全世界，在我国科技界也引起强烈反响。10月13日，中国科学院等单位组织召开了关于苏联发射成功第一颗人造地球卫星的座谈会。到会的有许多是在北京的各个专业领域的著名科学家，郭永怀也参加了这次大会并发了言。他说："我觉得这件事是在进入原子能时代以后的第二件大事，对整个人类都有影响。人类一向是在二度空间活动的动物，现在有了人造卫星的成就，就如爬高有了梯子一样，以后去宇宙活动已经不是梦想，可以实现了。"随后，郭永怀就发射人造卫星的运载工具及其推力、火箭发动机的推进剂、卫星入轨时的姿态控制、苏联同西方国家火箭技术的比较等具体技术问题做了简要的分析介绍，并发表了自己的见解。

1958年，郭永怀参与制定的力学研究所大政方针中提出了研制人造卫星的倡议。在20世纪60年代初举办的星际航行座谈会上，郭永怀也大力倡导发展我国的航天事业。

1961年4月12日，苏联宇航员尤里·加加林驾驶"东方一号"宇宙飞船首次进入太空，这对我国又是一次很大触动。为使我国的航天事业得以发展，在许多科学家的倡导下，中国科学院开始举办星际航行座谈会，3年内共召开了12次专题会议。来自各专业领域的科学家就发展我国航天事业所能遇到的众多学科的重要技术问题进行了广泛的探讨。郭永怀在第四次会议上做了中心报告，并在其他历次会议中都参加了讨论。他以空气动力学、气体热力学以及数学、物理学方面的专长，提出了许多重要见解和主张。

1961年10月，郭永怀在星际航行座谈会上做了《宇宙飞船的回地问题》的报告。在报告中，郭永怀重点研究探讨了星际航行中一个极为关键的问题：宇宙飞船在返回地面过程中，怎样才能安全再入大气层而不会被烧毁，并保证顺利降落回收？他从理论上定量分析了飞船再入段的空气阻力减速、气动力加热、回地轨道的设计和烧蚀防热等重要课题。

星际航行座谈会历时 3 年。由于充分发挥了理论分析的优势，无论在大的方针上还是具体的技术问题上，都有了比较充分的预测和规划，同时还安排了一些预研课题，为发展我国的航天事业做了大量开拓性工作。

郭永怀在我国发展航天事业初期的贡献主要有四个方面：（1）积极倡导我国发展航天事业；（2）参与发展航天事业的预测和规划；（3）亲自参加重大技术课题的研究与探讨工作；（4）参与组织中国科学院人造卫星（包括回地式卫星）的研制工作。郭永怀为我国航空航天事业所做的贡献还表现在创建全国性的、为航空航天服务的空气动力学研究基地上。中国空气动力研究与发展中心就是按照郭永怀和钱学森早在 20 世纪 60 年代构想的蓝图，调整组建的全国性空气动力学研究和实验机构。

"文化大革命"初期，国防科研和三线建设受到严重干扰。为了减少损失，推动航空航天及国防科研事业的发展，国防科委成立了 18 个研究院。空气动力学部分为第十七研究院。为创建十七院，国防科委于 1967 年底成立了十七院筹备组，钱学森任组长，郭永怀担任主管技术工作的副组长。1968 年初，筹备组开始规划、筹建十七院。郭永怀为十七院的建设做了极大的努力。他以丰富的学识和深刻的思想，通过考察我国气动研究的现状，同时结合国外的先进经验，提出了许多重要思想和建议：（1）空气动力学主要服务对象仍然是航空航天，这样才会有立足点并使自身得到发展；（2）空气动力学研究要形成国家的中心；（3）空气动力学的三大手段是理论研究、实验研究和模型自由飞行试验。

郭永怀和钱学森等为十七院规划出一幅宏伟蓝图，包括各专业研究所的设置、辅助设施、人员配备以及具体的技术途径和各种实验设备，使十七院具有空气动力学研究的"全天候"能力。郭永怀强调指出，十七院应当独立于型号研究院之外，对先进的飞行器如飞机、火箭的气动布局有重大的发言权。空气动力学研究应及时提出新概念、新建议，为具体的型号在总体方面做出贡献。此外，在十七院各所的设置上，郭永怀提出必须建立进行基础、理论研究的理论所。这在对已有的科学理论进行全面批判和轻视理论研究风气盛行的年代是要担风险的。

郭永怀为发展我国的航天事业倾注了极大的热情和心血。在风洞建设上，郭永怀在对技术、经济实力、社会效益等方面综合考虑的基础上，对风洞的低、高、超高速配套工程的建设提出了具体看法，认为应当重点搞高速、超高速风洞，瞄准第一、第二宇宙速度。由于建立大型风洞投资大、周期长，郭永怀指出"作为高速研究工具，我们要优先搞炮风洞、自由飞弹道靶，这样可以投资少、规模小"。弹道靶能同时模拟飞行器在稠密大气层飞行时的高雷诺数、高焓值和高马赫数的气动环境，但工作时间很短，郭永怀特别强调要狠抓毫秒级测试技术，在力图使测试技术现代化的同时，研究如何将实验数据外推到飞行条件中去。

1968年是十七院创建工作进展较快的时期，郭永怀做了大量建设性工作，为气动中心的建立奠定了基础。1976年，国务院、中央军委决定在风洞指挥部[1]的基础上调整组建空气动力研究与发展中心。经过多年的建设，它已成为航空航天飞行器及风工程研制与发展的重要技术支柱，在国际上也享有盛誉。作为一个奠基者，郭永怀在这项伟大的建设工程中具有不可磨灭的功绩。

五、献身我国的核武器事业

我国核科技事业发展初期曾得到苏联的援助。1957年10月15日，中苏又签订了国防技术协定。协定规定，为援助中国研制原子弹，苏联将向中国提供原子弹教学模型和图纸资料。但是，由于政治上的分歧导致的中苏关系变化的影响，1959年6月，苏共中央致函中共中央，拒绝向我国提供原子弹的技术资料。第二机械工业部遵照中央确定的方针，提出要凭自己的力量完成原子弹的研制任务。为了适应自力更生研制核武器的需要，中央决定从全国抽调技术力量加强九院（核武器研究院）的科研人员队伍。这样，许多著名的科学家如王淦昌、彭桓武、程开甲等先后被调到九院工作。1960年5月，郭永怀也被调到九院，并担任该院的副院长。在原子弹研制初期，郭永怀负责力学方面的领导工作。

在原子弹研制过程中，郭永怀曾经对一些关键问题的解决起了

---

[1] 演变过程：十七院—风洞指挥部—中国空气动力研究与发展中心。

关键性作用。例如，对于原子弹的引爆方式问题。原子弹的引爆方式主要有两种：一是"枪法"，一是"内爆法"。郭永怀通过比较二者的优劣，提出了"争取高的，准备低的"的方针，即以较高级的"内爆法"作为主攻方向。炸药爆轰波的理论计算是一个重要的突破口，也是个难点，而当时的困难之一是不知道采用什么计算方法。郭永怀提出，可用特征线法尝试进行。这一方法在当时的爆轰波的理论计算方面很快得到应用。在这之后，从可见到的资料上看，苏联也采用了这个方法。

爆轰物理试验是突破原子弹技术的重要一环。郭永怀和王淦昌等科学家经常深入试验现场，指导工作并协助开展试验。他们还钻进帐篷里，和参试人员一道搅拌炸药。为了配合爆轰试验，郭永怀指导设计部科研人员进行不同试验装置的结构设计，使整个爆轰试验得以顺利进行。到1962年9月，原子弹的大量关键技术都取得了重要进展。为了开展大型爆轰试验并继而为原子弹爆炸试验做准备，1963年初，九院大批人员转入西北核武器研制基地。

郭永怀在北京有许多重要工作，但他还是经常到西北核武器研制基地。为了节省旅途花费的时间，郭永怀出差时总是乘坐飞机。当时国内航线使用的大都是中小型客机，飞机远不如火车软席舒适。许多人都劝他别坐飞机，既不安全，也不舒适，但他说："我是学航空的，学航空的人都不敢坐飞机，那让谁来坐？"郭永怀当时已年过半百，在西北高原奔波常有不适之感，但他从不介意。也许是出于一种理想，或者出于一种时代的责任，当然还包括一个科学家对一种事业的执着追求，郭永怀为我国的核武器事业投入了他全部的力量。

原子弹的研制在顺利进行，大型爆轰试验相继取得成功。到1964年第四季度，原子弹的理论、试验、设计和生产都按计划全部完成。1964年10月16日15时，我国第一颗原子弹装置核爆炸试验成功。当时郭永怀正在现场附近，目睹了原子弹爆炸这一极为壮观的场景。这项对我国具有深远的政治、军事、科技发展意义的巨大成就，有郭永怀的一份功劳。

这次试验只是爆炸了一个核装置，还没有达到实战化或武器化的要求。当时九院有的人抱有这样的观点，认为掌握了原子弹原理技术，武器化是轻而易举的事。郭永怀对此很不以为然。他十分重视并经常在院里的会议上反复强调核弹的武器化和系列化问题，指出要努力做好核武器的后期发展工作。在此后的核弹武器化的进程中，郭永怀一直负责总体结构设计、外形设计以及环境模拟实验的指导与把关。这些工作对武器化发展尤为重要，郭永怀在这方面起了主导作用。

实际上，郭永怀对核武器化方面的工作早在第一颗原子弹爆炸以前就已开始，他首先安排了许多与武器化有关的预研课题，包括结构设计、外形设计、飞行弹道、物理引信、环境试验等。为了加强结构设计的力量，郭永怀亲自聘请著名固体力学家、北京航空学院的王德荣教授做顾问，给大家讲课并指导结构设计。在弹体的结构设计中，郭永怀有许多独特的设想，并且他的关于薄壳结构、通用核航弹等设想在以后都得到了实施。它们对核武器的轻型化、实战化和系列化有着十分重要的意义。

郭永怀在核武器的试制中充分地发挥了他的专长。无论是在弹体外形（我国的第一颗核航弹和氢弹都采取了空投方式）方面，还是在对核航弹、氢弹在空投过程中的飞行弹道、伞-弹弹道特性的计算上，他都亲自过问和参与。此外，郭永怀还特别关心"安全论证"课题的研究及其进展。"安全论证"就是研究当飞机投下核武器后，能否以及怎样安全躲过冲击波、光辐射的威胁，这是一个至关重要的问题。为了保证绝对安全，郭永怀极力主张理论计算与模型空投试验结合进行。在他的过问下，经过严格的计算与分析，每次核试验，飞机都安全返航。

无论是核航弹还是核导弹，在飞行过程中总要经受各种动态考验。因此，环境试验是武器化阶段十分重要的一环。1964年郭永怀曾提出，动态环境试验要开展随机振动和噪声试验研究。为了使核武器有较强的适应性，他提出应进行拓宽温度试验的主张。考虑到核武器的战略发展，他提出开展冲击试验的研究。

郭永怀在九院领导的这些工作，为我国的核武器发展提供了重要保证。在原子弹原理、氢弹原理相继突破后，我国分别成功地于1965年5月14日进行了核航弹爆炸试验，1966年10月27日进行了导弹核武器试验，1967年6月17日进行了氢弹爆轰试验。

郭永怀对我国核武器事业的贡献是多方面的。他对核武器系列化发展提出许多建议和设想，并做了很多有益的工作。例如，他对反潜核武器的水中爆炸力学、水洞试验以及调研工作提出了设想和建议，对研究发展潜-地导弹做出了贡献。此外，郭永怀应"两弹"结合时期的需要，对九院的科研体制提出了重要设想。他把这个设想形象地比喻为茶壶和茶壶盖。1968年年初，在国防科委的一次会议上，郭永怀的设想得到进一步论证。

郭永怀为我国的核武器事业呕心沥血。1968年10月，郭永怀赴西北核武器研制基地进行我国第一颗导弹热核武器发射试验的准备工作。12月5日，郭永怀从兰州乘民航飞机回京。当飞机在北京机场着陆时，发生了一等事故。郭永怀不幸以身殉职，终年59岁。然而，在中国核武器发展史上将永远留下郭永怀的英名。

六、结束语

郭永怀是一位卓越的科学家和杰出的科研组织者。他不但在学术上造诣颇深，在学术领域内取得了国际公认的成就，还有深邃的科学思想。他重视理论与实践的结合，强调从工程实际中选择课题；他重视学科间的联系与渗透，强调开展探索性和开创性的研究；他重视开展奠基性的基础理论研究，强调做好科学和技术的储备工作；他重视科学技术的长远发展，强调近期研究和长远研究的结合；他重视科学技术研究的目的性，强调科研要为国民经济与国防建设服务。他的许多科学思想在力学界、科技界产生了重大影响。郭永怀具有战略眼光，他关心的不只是一两个学科的发展，而是我国科学技术的总体发展。他经常探讨我国的科研体制问题，多次在不同的场合下提出自己的建议和主张。他认为我国科技发展缓慢的关键原因在于科研体制不能适应，因此，必须调整和完善科研部门与工程技术部门的体制，以适应现代科学技术发展的要求。

郭永怀是一位优秀的教育家。他认为我国科学技术的发展不是一朝一夕的事情,因此,必须大力培养新生科研力量,造就一批批科研生力军。在培养人才方面,郭永怀强调"言教、身教,以身教为主"。他强调要边学边干,出成果,出人才。他对研究生和助手的指导和帮助是启发式的、循序渐进的,重点强调的是使他们掌握科研方法,提高科研本领。他重视使年轻人在理论分析和实验研究两方面都得到提高,希望他们尽早在实际工作中得到锻炼。

郭永怀极富献身精神。他不追求名利、地位和荣誉。他回国后把主要精力放在科研组织和培养人才上。他乐于从事这些虽然默默无闻但意义重大的工作。当国家研制核武器需要他时,他毫不犹豫地投身到这项绝密工程中去。郭永怀工作日程表总是排得满满的,回国后的 12 年间,他涉及的科技领域和所做的工作之多令人惊叹。他曾担任《力学学报》和《力学译丛》主编,千方百计挤时间翻译出版了普朗特的《流体力学概论》。他还同汪德昭先生和马大猷先生利用业余时间研究用超声波方法分离铀同位素课题,并取得重要成果。他始终密切关注国际科技发展动向,博览群书。正因为他永无止境地追求新知识,所以对国际上近代力学和尖端技术的发展动向了如指掌,对各种复杂的课题总能细致入微地给予具体指导。郭永怀生前曾当选为全国政协委员和全国人大代表。1957 年,他当选为中国科学院学部委员和中国力学学会理事。1964 年,被选为中国航空学会副理事长。

郭永怀兴趣爱好广泛。他喜欢集邮、摄影,对欧洲古典音乐和欧洲绘画有很高的鉴赏力。他在个人生活上简单朴素，淡泊明志。他也关心政治问题和社会问题。在"反右"和"文革"中，他敢于直言不讳地发表自己的见解，从不为迎合"潮流"而改变自己的观点。"文革"中，科研生产遭到空前的破坏，他敢于冲破阻力，大抓科研生产。他对社会上和新闻机构的浮夸风深恶痛绝。他强调实事求是，反对不顾客观事实的虚假宣传和报道。他在各种问题上是非分明，勇于主持正义，坚持真理，受到人们的普遍爱戴和尊重。1978 年 12 月 5 日，在纪念郭永怀为国牺牲 10 周年大会上，当时任中国科学院秘书长的郁文同志对郭永怀做出了这样的评价："郭永怀一生做到了'老实'二字，他是个老老实实的科学家，老老实实的共产党员。他从来讲真话，不讲假话，从来不会趋炎附势。"当然，郭永怀绝不仅仅是一位老老实实的科学家（虽然这在当时的环境中很不容易做到），还是一位学术广博精深、贡献卓著、品德高尚、热爱祖国的卓越科学家！他应该永远被人们怀念。

（作者：李成智）

卢鹤绂

在核能领域中的卓越贡献

卢鹤绂

(1914—1997)

卢鹤绂院士作为中国著名的物理学家、教育家和国际知名学者享誉全世界。他以超人的魅力、杰出的成就和崇高的品格，感染和影响了一代又一代物理学子。

然而，他在核能领域里的非凡贡献鲜为人知，以至于国外名牌大学（被誉为哈佛分校的斯瓦尔斯摩尔大学、休斯敦教会学院）和国外报刊敬称他为"中国核能之父""世界上第一个揭露原子弹秘密的人"之时，国人还有点惊讶。本文为卢鹤绂在核能领域中的卓越贡献提供史料以为佐证。

一、卢鹤绂的历史贡献

当20世纪带着相对论、量子论、信息论和基因论等巨大成就载入历史之际，中外报刊将"中国核能之父"和"世界上第一个揭露原子弹秘密的人"这一殊荣，献给了中国科学院院士、上海复旦大学一级教授卢鹤绂先生。这完全是基于卢鹤绂的下列开创性工作。

1.1938年：发表论文《锂离子的低温热源》

1938年12月，德国物理学家奥托·哈恩和施特拉斯曼发现了重核裂变现象。流亡在外的迈特纳提出第一份关于铀裂变的报告。此时被卢鹤绂称为"原子能时代萌芽初期"。他正在美国明尼苏达大学攻读理学硕士学位。他在用自制的 180°聚焦型质谱仪研究热盐离子源的发射时，精确测出锂 7、锂 6 同位素丰度比，并在美国《物理评论》杂志上发表了《锂离子的低温热源》论文，引起了国际物理学界的普遍关注。当时美国一家报纸在头版位置，以《一个中国人在称原子的重量》为标题，报道了卢鹤绂这一成果。

1953 年，诺贝尔奖获得者塞格雷在他主编的《实验物理学》一书中明确表示："卢鹤绂发明了热盐离子发射的同位素效应"，是"卢鹤绂首先应用热盐离子发射方法，以锂离子源整个生命中放出来的数量为准"。1958 年，英国剑桥大学沃尔士在所著《质谱学》中详细介绍了卢鹤绂的"时间积分法"，认为"这项研究成果来之不易。虽然准确，但实在是太吃力了"。与此同时，德国的《原子核表》也引用了卢鹤绂数值。

1959 年，著名学者瓦尔庄在其主编的《质谱学的进展》一书中，引用了卢鹤绂的成就，惊叹："这是最好的锂热源。"

1960 年，加拿大学者贝能在《质谱学及其有机化学上的应用》一书中，整页介绍卢鹤绂的发现。这一成果能引起化学界人士的重视，卢鹤绂本人也深感"始料未及"。

但真正"始料未及"的是：卢鹤绂为什么选择锂同位素丰度比作为自己的留学主攻方向？为什么美国一再声称"中国人在称原子的重量"？一些学者为什么纷纷承认他的这一成果和后来的成果"对制造原子弹是很有价值的"？其中的奥妙至今还不甚清楚。然而，1981 年 5 月 21 日著名物理学家杨诺赫在奥斯陆大学物理学院的一番演讲，说出了苏联制造氢弹的材料秘密，也间接证实了卢鹤绂当年留美研究锂之目的："我当时看到中国人在国内受侵略者的蹂躏，在海外亦受人欺凌，被洋人瞧不起。虽然自己初出茅庐，但是血气方刚，发誓要为中华民族争一口气。"

杨诺赫在报告中透露，根据萨哈罗夫的建议，苏联于1954年10月爆炸的首枚氢弹，采用液氘和液氚与锂（^{6}Li）的固态化合物（LiD和LiT），从而使氢弹结构极为轻巧、简单和有效。锂参加了氢弹所发生的核聚变过程，这是在极高温情况下进行的。但锂的真正作用还"受到保密规则的限制"。不过，卢鹤绂早于萨哈罗夫15年认识到锂的重要性这一事实，很值得科学家和科学史学者加以重视，并给予研究。

2. 1939年：进行"对制造原子弹很有价值"的研究

从1939年起，各国物理学家纷纷投入到铀235核裂变现象的研究中去，以便尽快解决制造原子弹所需铀235的难题。特别是人们发现链式反应可以放出巨大能量后，各国有关核能的研究达到了前所未有的高潮。

卢鹤绂在更深层次地研究锂离子物理学的基础上，创造性地提出了扇形磁场对入射的带电粒子有聚焦作用这一普适原理。依据这一原理，卢鹤绂发明了一种新型60°聚焦高强度质谱仪，用以大规模地分离微克量级的硼10与硼11，严密地核实各自的原子核反应。值得注意的是，作为人类早期核能学者的卢鹤绂，先于他人制备了同位素靶。卢鹤绂研究这一问题的目的在于：解决制造原子弹所需铀235的难题。一些物理学家认为："该研究对制造原子弹是很有价值的。"

3.1940 年：成功发明硼离子强发射源

卢鹤绂在准备博士论文的同时，系统地研究了在低压下氢及三氟化硼的紧缩式弧放电，并沿轴向提出离子，从而成功地发明了硼离子的强源。他所精心撰写的相关论文《在氢和三氟化硼的低气压紧缩放电中离子的纵向提取》，被美国核心期刊《物理评论》所接受，并于当年刊出。他的这一结果，被认为是当时核物理的前沿成就，也是他进行核能探索的重要步骤。

4.1941 年：博士论文被列入美国绝密资料

卢鹤绂完成并通过他的博士论文《新型高强度质谱仪及其在分离硼同位素上的应用》，取得美国明尼苏达大学哲学博士学位。这一重要成果为美国原子能部门所重视。该论文因"涉及当时保密领域而被扣发"，被列入"涉及制造原子弹与原子反应堆的绝密资料"。这篇旨在确认卢鹤绂"中国核能之父"地位的划时代科学论文，数年后以摘要形式予以公布。直到 10 年后，即 1950 年，美国原子能委员会刊物《核科学文摘》第 279 页刊出该论文的全部提要。

5.1942 年：预言大规模利用原子能的可能性

获得博士学位后的卢鹤绂不顾美国政府的挽留，在新婚的第三天，匆匆离开居住 8 年的明尼苏达州，于 1941 年 10 月 5 日抵达中国香港。在中山大学理学院艰难教学之余，卢鹤绂开始撰写他日后被确立为"中国核能之父"地位的最为关键的论文《重原子核内之潜能及其利用》。卢鹤绂在 53 年后的一篇文章中道出了他撰写此文的初衷：

作为一个中国人，当时我自感有责任将铀核分裂释放巨能之事合盘贡献给国人，使之对此有所认识，并予以应有的注意，乃于1942年4月利用业余时间撰就《重原子核内之潜能及其利用》一文，几经周折，发表于1944年在重庆复刊的《科学》杂志上。这是第一次在国内全面介绍核裂变的实验发现和理论认识及其大规模利用的可能性。

令人惊叹的是卢鹤绂在此文提出的结论意见：以应用言，此事尚须设法使中子自给作用实现于方便数量之铀，俾易司理其热量，否则一放不止，损失殊巨，危险尤大。若能大量将铀235分出，独利用热能中子，则事较易，惟其经济价值远逊于铀238。就现势而论，此种浓厚之能源必将有其特殊之用途，然吾人所至望之贱价燃料，求于此事，尚非可能耳。卢鹤绂这些先知宏论为后来的事实所验证，也为今天的科学史学家确定他为"中国核能之父"的荣誉地位提供了历史依据。

6.1945—1947年：发表"引起国际科学界震惊和重视的"原子弹论著

1945年日本投降后，卢鹤绂接受《科学》杂志主编卢于道的请求，接受国民党重庆当局"撰写关于原子弹方面文章"的任务，引起了"当时国际科学界的重视"。在以后的3年间，卢鹤绂天才地写下了在今天看来也不失其科学性的4篇论文：《原子能与原子弹》《从铀之分裂到原子弹》《关于原子弹的物理学》《重核二分之欠对称》。

半个世纪后，浙江大学在庆贺建校百年之际，公正地认为"西迁遵义、湄潭"是该校校史中"最艰苦卓绝的一段，却也是学术上最辉煌灿烂的时期"。而当年作为该校物理系教授的卢鹤绂关于原子弹的论著，被列为这一时期的代表作。

卢鹤绂这一时期的著作所造成的影响，也可以从他本人的回忆中得到证实。他写道：

> 由于有关原子弹原子堆工作仍尚属保密范畴，该刊主编劳勒尔将此文送交美国原子能委员会审批，一年后才得其许可，于1947年该刊最后一期上发表了。此文发表后美国昔日同事才知道多年无音信的我身在杭州。此文后经美国书刊上引用了，苏联也采用了。

值得指出的是，卢鹤绂在国际上首次公开估算铀235原子弹和费米型链式裂变反应堆的临界大小的简易方法及其全部原理，"为美国文献及专著广泛采用"，成为国外学者承认他是"第一个揭露原子弹秘密的人"之关键贡献，从而无可争辩地确定了他以后作为世界第一流原子能物理学家和"中国核能之父"的历史地位。

7. 1948年后的科学贡献

卢鹤绂在《中国科学与建设》杂志上发表了论文《关于同位素丰度比》，着重研究了重原子核裂变两产物轻重不对称的问题，从而发现了从核稳定分布区得到解释的最佳结论。在比较测定同位素丰度比的质谱计离子电流放大法和质谱仪照相法之后发现，后者偏低的直接原因在于照相乳胶卤化银晶粒的作用具有饱和性。

1950 年，卢鹤绂在美国《物理评论》上发表题为《关于核模型》的论文。他通过计算核结构模型，提出了质子壳中子心模型，还确定核半径公式应改为 $R=1.23\times10^{-13}A^{1/3}$ 厘米。这在物理学史上称为最早期壳模型，它比原子核传统均匀模型更为优越，为后来的学者广泛接受。

1948 年末，卢鹤绂与曹萱龄合作，设计出充氩电子收集型裂变电离室和线性电脉冲放大器，首次观测到铀核裂变。他创造性地研究出源厚度外推法，测量了铀核半衰期及铀裂块在氧化铀层中的射程。这一成果以《铀核之自裂》论文形式先后在 1952 年《中国科学》《中国物理学报》杂志上发表，还为德、苏等国文献所引用。

1954 年至 1955 年，卢鹤绂首次采用费米模型研究铀 235 裂变中子数问题，取得了令人赞叹的成就。他在深入研究各种裂变方式的假说后发现，放射链长度相等的假定，能够取得与事实相符合的结果，他与多人合写论文《关于热能中子所致铀 235 分裂时发出的中子数目的讨论》，在《物理学报》上发表。这在世界上尚属首次公开发表用费米气核统计模型估算铀 235 核裂变发出的中子数，比美国黎赫曼所做的全面计算要早得多。

1955 年夏，经周恩来总理批准，在北京大学建立技术物理系，届时"从全国各大学物理系抽调一批学生，转来专攻原子核科学"。卢鹤绂奉命北调，去新办的这一"保密机构物理研究室"，讲授"中子物理学"及"加速器原理"两门课程。第二年，卢鹤绂因成就卓越，被评为一级教授，并担任中子物理学教研组主任。他培养了新中国97名优秀核物理学家的特殊贡献，决定了他在北京大学这一"核科学摇篮"中的历史地位。由此，人们理所当然地称他为北大技术物理系的元老和"中国现代科学事业的开拓者"。

在北京大学讲学结束后，卢鹤绂被调回上海，参与创建复旦大学物理二系和中国科学院上海原子核研究所，为我国培养了一大批原子能科研与教学人才。中国科学院院士方守贤、丁大钊、杨福家、陈佳洱、冼鼎昌、徐至展、王乃彦、谷超豪等人或出自他的门下，或得到过他的精心指导，都成为中国跨世纪的学科带头人。

20世纪60年代，中国核能研究权威卢鹤绂在研究受控热核反应时，提出快脉冲、慢脉冲和稳脉冲三大分类方法。他认为研究的注意力应集中在等离子体表面不稳定性与反常扩散这两个致命点上。由此，他论证了受控热核反应成功的可能性。他还在研究柱形片状等离子体稳定性、探索等离子体反常扩散的存在、研究高温等离子体和幽禁磁场间交界面稳定性问题诸方面获得一批成果。他在高能核物理理论的研究中也有不少建树。晚年他与弟子王世明教授合作，在对马赫原理验证中提出两个重要结论：（1）横向多普勒效应在宇宙空间是各向异性的；（2）光子的惯性是整个宇宙结构决定的。《伽俐略电动力学》主编豪沃德·海顿在刊出卢鹤绂论文时指出，这篇论文开辟了挑战爱因斯坦理论的新方法。

在俄罗斯圣彼得堡举行的"2000年国际自然科学与工程基本问题研讨会"上，卢鹤绂的长孙女、哈佛大学博士卢嘉代表故去的卢鹤绂和王世明教授分别宣讲了卢氏宇宙演化量子引力规律新理论。

出席会议的代表为之震惊。俄国学者、大会副主席在与卢嘉联合接受当地电视台采访时指出:"她的报告极有创建性,是中国与俄罗斯在科学领域合作的新起点。"

二、几点结论

1. 卢鹤绂在核能领域中做出开拓性贡献

在重核裂变现象提出的 1938 年,卢鹤绂就开始对锂离子进行颇有成效的研究,显露出他在核能领域的特殊才能。此后,他以研究同位素靶、硼离子强发射源、新型高强度质谱仪及其在分离硼同位素应用、预言大规模利用原子能的可能性、关于原子弹物理学的理论,以及提出壳模型、观测铀核裂变、估算铀核裂变中子数等显赫成就,无可争辩地确定了他在核能领域的研究中所做出的开拓性贡献。

2. 卢鹤绂先于中国其他学者在美国发表论文

据我们目前掌握的资料:还没有一位中国其他的物理学家,先于卢鹤绂在美国核心期刊发表有关核能利用和原子弹物理学理论的系统而权威的论文。

3. 卢鹤绂积一生经验提出的十六字科研方法应当继承

卢鹤绂之所以在核能领域取得如此非凡的成就,除了他个人的天赋、勤奋和家庭影响,还在于他在长期科学研究中所形成的风格、方法和创新意识。他曾说:"没有比在几乎是未经勘探的原子核世界里探索更令人神往了。"他始终保持年轻学生的求学热忱,即使在十年浩劫也未曾停止他的科学研究。他提出的"通权达变,灵活运用,学而时习,运用自如"的十六字科研方法,已为他一生的科研实践所证实。这也是我们创办卢鹤绂格物研究所的办所之本。

在探索卢鹤绂在核能领域卓越贡献的同时,我们期待他留下的科学遗产能成为全人类的财富。这也正是我们撰写此文的初衷。

(作者:卢永亮 卢永芳 马开桂 吴水清)

程开甲

中国的"核司令"[1]

程开甲

(1918—2018)

---

[1] 本文在写作过程中曾得到程开甲院士、钱绍钧院士、程漱玉女士、任万德将军的帮助和指导,得到中国科学院知识创新工程项目(KLCX2-W6)的资助,特此致谢。

他是一个智者，不仅是英国爱丁堡大学的博士，是中国科学院的院士，还是现代物理学大师玻恩的弟子，是海森伯的论战对手；他是一名勇士，不仅将自己的汗水和智慧洒在了中国西部那片神秘的罗布泊，还在中国核试验基地指挥着千军万马；他是一位元勋，不仅直接参与了中国原子弹、氢弹的研制，还以其深厚的学术造诣，为原子弹、氢弹的爆炸做出了独特的贡献。

他的名字叫程开甲，一位中国核科学史上的传奇人物，"两弹一星"功勋科学家。

一、少年开甲

1918年8月3日，程开甲出生于江苏吴江盛泽镇一个商人家庭。

程开甲的祖先本是徽州的"徽商"，清代才来到江苏吴江盛泽镇，传至程开甲的祖父程敬斋时，程家已是远近闻名的大户。

吴江与徽州不同。徽州尊商，吴地崇教尚文。在吴地，要想光宗耀祖，科举取士是首选之道。自然，这个观念也深深地印入了程敬斋的脑海。为了他的理想，他教唯一的儿子程侍彤只读圣贤之书，不让他涉足商道。但精心栽培的结果，不但仕梦未圆，商道也从此失传。程侍彤连考几次，连个秀才也没中上。

无奈之下，程敬斋寄希望于下一代，让儿子娶了一位姓洪的举人家的闺女为妻,还给未来长孙取了一个"开甲"的名字。没料到,侍彤与洪举人的女儿连生六胎,都是女儿,无一人可领"开甲"之名。

失望中的程敬斋只好又让儿子将南浔镇一个姓梅的大户人家的丫环董云峰娶回为妾。董云峰嫁到程家不久怀孕了,并且很快生出了"开甲"。不幸的是,就在"开甲"出生前一天,程敬斋因病去世了。据说,死时他的眼睛瞪得很大,有人说那是程老爷死不瞑目,也有人说那是他拭目以待……

就这样,程开甲从一出生便背负着祖先"万般皆下品,唯有读书高"的沉重期望。

1931年,程开甲小学毕业,考进了离家乡约20公里的嘉兴秀州中学,在这里整整待了6年。

秀州中学创建于20世纪初,前身叫秀州书院,是美国基督教传教士同嘉兴绅士一起创办的。第一任、第二任校长分别是美国西差会派来的传教士裴来仪和窦维思。1928年,中国人收回了教育权,黄式金担任第一任华人校长。1930年,顾惠人成为秀州中学校长。

顾惠人是中国近代教育史上一位十分出色的教育家。他毕业于上海光华大学,获美国哥伦比亚大学教育硕士学位,一生立志教育。他十分强调人格教育,将其摆在教育的第一位,并提出了"学校家庭化,生活纪律化,头脑科学化,身手平民化"的"四化"教育目标。从1930年至1958年,顾惠人担任秀州中学校长长达28年。在这里,他将自己的教育思想实践得淋漓尽致,不但培养了大批杰出人才，还培育了"爱国、爱校、爱科学"的秀州精神。

在秀州中学的校友名录中，我们看到了 10 位院士级科学家的名字。他们是陈省身、李政道、顾功叙、谭其骧、周达儒、周达冲、钦俊德、方怀时、潘文渊、程开甲。

一个中学培养出了 10 位院士级科学家，足见这个学校的教学水平和质量。程开甲能够在这样一个环境中生活和学习 6 年，对他的人生来说意义非同一般，更何况程开甲在校的那段时间，也是顾惠人校长生涯中一个辉煌的历史阶段。以上列举的那 10 位院士级科学家，其中有 7 位就是在 1928—1937 年这 10 年间毕业的。

初一的时候，程开甲成绩平平，并没有什么突出的地方。但到了初二的时候他就开始冒头了，尤其是数学和英文非常出色。

程开甲的数学老师叫姚广钧，十分重视对学生数学工具知识的记忆训练。在姚广钧严格的训练之下，程开甲对数字的记忆力让全校师生都为之折服。

他能将圆周率轻松自如地背诵到小数点之后 60 位数；

他能将 1—100 平方表倒背如流；

他能记住每一个数学公式和许许多多数学习题的演算结果；

……

这种记忆在他日后 70 余年学习和科研中发挥了重要的作用。程开甲对数学的平方、立方及公式是从不查表、翻书的。

姚广钧非常懂得怎样因材施教。看到程开甲的数学水平远远高于同班同学，他把程开甲叫到家里给他开小灶。高中时，姚广钧就让程开甲接触大学的微积分知识。为拓宽他的视野，姚广钧经常借给程开甲一些习题集，让他去做课堂以外的难题。至于考试成绩，程开甲是从不担心的，姚广钧年年给他 100 分。这个 100 分为程开甲挣得了一笔可观的学费。

英文是程开甲的又一"杀手锏"。秀州中学原是一个教会学校，十分重视英文，学校还有好几位外籍教师，他们采取"直接"教授法，注重学生的发音和听、读训练。这与程开甲的愿望十分吻合。至于他的英文水平，程开甲在《母校学习生活的片断回忆》中有这样一段文字："我在初中二年级，发奋得将每一篇课文全部背出来。有一次顾惠人校长代张才茂老师上课，听到我背诵流利，十分称赞。学校每年都要举行一次英文背诵比赛，我在初三，第一次参加比赛，精神太紧张，上台背了三句，就把下面全忘了，只好下台，但辅导老师姚广钧却笑笑说，'看以后的'。翌年，我高中一年级，由骆之骏老师训练，吸取了上次失败的教训，稳定了情绪，就获得全校英文背诵比赛第一名。到了高中三年级，由窦维思师母训练，参加了浙江省四所中学演讲比赛，获得了第一名。"

这第一名的成绩，对于秀州中学的意义要比对于程开甲个人的意义大得多。因为这次比赛是浙江省第一次组织的省级中学教学水平大比武。在这次比武中，秀州中学旗开得胜，不但获得了集体第一名的好成绩，而且拿下了三项单科冠军。从此，秀州中学声名鹊起。

随着学习的进步，程开甲逐步确立了当一名科学家的理想，他到图书馆借来了伽利略、牛顿、爱因斯坦、巴斯德、詹天佑甚至还有甘地等名人的传记，如饥似渴地读了起来。程开甲回忆道："这些书，使我增强了责任感和使命感。这些科学家追求真理、热爱祖国的精神深深地感动了我，教育了我，对我的人生起了重要的作用。我渐渐地萌发了长大了也当科学家的理想。"

从科学家们的经历中，程开甲总结出了成功的两条秘诀：一是勤奋，二是肯动脑筋。程开甲是秀州中学出了名的勤奋人。60多年后他的校友还以《勤奋的人》为题写了一篇回忆录，真实地记录了他在秀州中学勤奋、刻苦的学习精神。因为爱读书，以至于后来上大学时有同学送了他一个绰号——"程BOOK"。

二、走近大师

1937年，程开甲高中毕业。他投考了两所大学：一所是上海交通大学机械系，另一所是浙江大学物理系。

不久，他同时接到了两所大学的录取通知书，但相比而言，浙江大学的成绩要出色些，因为在浙江大学录取通知书上清楚地注明他考上的是公费生。

没有什么犹豫，1937年秋，程开甲来到杭州，成为浙江大学物理系的学生。

程开甲入校时，浙江大学已是群贤荟萃，大师林立。校长竺可桢是我国地理学与气象学的一代宗师；数学系苏步青、陈建功等教授是国际知名学者；物理系张绍忠、束星北、王淦昌、何增禄等都是留学归来，学术上有很深造诣的教授级大师；还有贝时璋、黄翼、蔡堡、周厚复等学界精英。1944年，李约瑟考察了浙江大学后，对其取得的学术成果非常惊讶，称其为"东方剑桥"。程开甲走近大师就是从走近束星北、王淦昌、陈建功、苏步青等人开始的。

　　大学四年，对程开甲影响最大的是束星北。二年级时，束星北给程开甲讲力学，非常吸引人。他把力学的基本原理讲解得既透彻又生动，让程开甲如痴如醉。热力学中"熵"的概念和第二定律是最难理解的，但束星北能用极其通俗易懂的语言轻而易举地解释清楚。相对论和电磁学更是束星北的两门拿手好戏，讲授得炉火纯青。程开甲由束星北领着一步一步进入了物理学的殿堂。

　　程开甲引起束星北的关注则是借助了力学考试的一份答卷。当时束星北出了一道考题："太阳吸引月亮的力比地球吸引月亮的力要大得多，为什么月亮跟地球跑？"这道题全班同学只有两个得了满分，那就是程开甲和胡济民。从此，束星北对这两个学生刮目相看。谈起束星北，程开甲不但肃然起敬，而且充满了感激："我的力学知识都是他传授的，我物理学的理论功底也是从他那里学来的。"

　　王淦昌开设的"物理讨论"课实际上就是学术前沿研究报告会。当时只要是物理学研究杂志上发表的论文，无论是什么人、什么观点，王淦昌都会拿出来讲，让师生们开阔眼界。1939年7月，王淦昌就向物理系师生介绍1938年12月和1939年1月间哈恩和迈特纳发现铀原子核裂变现象经过。这是程开甲第一次接触原子核。在王淦昌的影响下，程开甲一生都十分注意对科学前沿的把握，即使是现在，他对学术发展动态仍是了如指掌。

　　抓住问题，扭住不放，这既是王淦昌对他的教诲，也是王淦昌的风格。但认识归认识，在实践中真正要做到这一点是十分不易的。对此，程开甲有经验，也有教训，用他自己的话说："我想跟王先生学，我学了一些，但学得不好，吃了亏。"

程开甲所说的"学了一些"，是指他后来所取得的成果，都是因为记住了王淦昌的告诫，执着研究的结果。而最早让他尝到这个甜头的就是与王淦昌合作，在美国《物理评论》杂志上发表的那篇论文《论五维空间》。

程开甲所说的"吃了亏"，是指他终生遗憾的一件事。1944年程开甲在浙江大学任助教，写出一篇题为《弱相互作用需要205个质子质量的介子》的论文。其时恰逢李约瑟来浙江大学考察，程开甲经王淦昌介绍，将自己这篇研究成果交给李约瑟，托他带给物理学权威狄拉克。狄拉克收到这篇论文后，亲自给程开甲写信，"目前基本粒子已太多，不再需要更多的新粒子，更不需要重介子"。当时狄拉克是物理学界的权威人物，而且在此之前他亲自将程开甲的一篇论文《对自由粒子的狄拉克方程推导》推荐给剑桥大学的《剑桥哲学》杂志，并发表了。所以，程开甲也就放弃了对这一问题的进一步研究。后来这个研究成果被一个重要的实验所证实，而且实验所测得的粒子质量与程开甲当年的计算值基本一致。这项成果于1979年获得了诺贝尔奖，程开甲就这样遗憾地与诺贝尔奖失之交臂。

大学四年，程开甲除受束星北、王淦昌的影响外，数学系陈建功、苏步青的指导和鼓励也是让他终生难忘的。大学三年级时，程开甲听陈建功的复变数函数论，写了一篇论文《根据黎曼基本定理推导保角变换面积的极小值》，在英国发表之后，被苏联米尔诺夫的《高等数学教程》全部引用。这篇文章和随后在《自然》杂志上发表的题为《用等价原理计算水星近日点进动》的论文，是程开甲科学研究的起步。前者受陈建功函数论启发而作，后者受束星北相对论启发而作。

显示程开甲科学研究潜力的最早成果是1945年发表在剑桥大学《剑桥哲学》杂志上的那篇《对自由粒子的狄拉克方程推导》。这篇论文不但引起了远在英国的物理学权威狄拉克对这位素未谋面的年轻中国学者的关注，也引起了正在中国考察的李约瑟对他的兴趣。

1945年，在李约瑟的推荐下，程开甲获得了英国文化委员会的奖学金，远渡重洋来到英国，成为爱丁堡大学数学物理系玻恩的研究生。

玻恩是位知识渊博、多才多艺的教授，他不仅是诺贝尔奖获得者，还是一位哲学家、文学家和音乐爱好者。程开甲成为玻恩的研究生时，玻恩门下已经走出了许多在物理学界享有盛誉的人，如奥本海默、福克斯、海森伯和中国的彭桓武等。有趣的是，玻恩的学生中后来有许多人都与核武器结下了不解之缘，包括他的两个中国学生彭桓武和程开甲。

成为玻恩的学生是程开甲人生道路上的又一次幸运。为了将程开甲带入物理学领域，玻恩常让他一同去参加各种国际学术会议，鼓励他认识外界朋友。程开甲刚到英国不久，玻恩就应邀去牛津大学讲学，程开甲作为助手一同前往。在随后剑桥大学学术会议上，玻恩把程开甲引荐给了狄拉克和海特勒。海特勒在场论方面造诣很深，程开甲早就读过他的学术论文并受其启发，与王淦昌合写过《论五维空间》一文，所以程开甲对这位大师一直很尊敬。当玻恩将他介绍给海特勒时，程开甲十分兴奋，并与他进行了长时间的交谈，两人的观点有许多相似之处。1947年，玻恩又带程开甲参加了爱尔兰会议，在这个会上程开甲又认识了薛定谔、缪勒、鲍威尔等科学大师。

1948年，物理学界在瑞士苏黎世大学召开低温超导国际学术会议，程开甲和玻恩合写了一篇《论超导电性》的论文，递交大会。会议召开时，玻恩未能前往，程开甲作为代表在会上宣读论文。很巧的是，海森伯也参加了这个会议，由于观点针锋相对，在会上两人就争论了起来。程开甲不但英文水平很高，在大学也学过德文，所以他们吵架，时而用英语，时而用德语。大会主席泡利觉得非常有趣，主动提出当裁判，但吵了很久，泡利实在难以裁决，就说："你们师兄弟吵架，为什么玻恩不来？这裁判我也不当了。"

程开甲与海森伯的这次争论成为苏黎世会议的一个花絮，也让程开甲永远难忘。就在这场争论之后，泡利将程开甲推荐给了研究量子论的权威专家索马菲尔德。后来，程开甲也没有放弃自己的观点。

三、祖国需要

程开甲在英国留学的四年，是国内政治形势急剧变化的时期。

当时程开甲还是一个无党派人士，没有什么党派之见，但他十分关心祖国的命运和民族的未来。

他在等待着，等待着中华民族扬眉吐气的一天……

终于有一天，程开甲的眼中燃烧起了明亮的火花，看到了中国的希望。

那是1949年4月的一天晚上，程开甲正在苏格兰出差，一个人走进电影院。按照惯例，电影正片之前是一个简短的新闻片。恰好当天的新闻片就是轰动一时的"紫石英"号事件。

1949年4月20日是中国人民解放军等待国民党政府决定是否在《国内和平协定》上签字的最后一天。此时中国人民解放军已做好了一切渡江作战的准备。美、法等国已知趣地将自己的舰队驶离南京。只有英国军舰极不明智地仍悬着"米"字旗，驻泊南京，并不时耀武扬威。20日上午，"紫石英"号等英国军舰与国民党军舰相伴，由东向西驶进中国人民解放军第23军防区游弋。

大战在即，英国舰只竟敢贸然驶来，其阻挠解放军渡江之心昭然若揭。经请示，渡江部队先礼后兵，发出警告。但英国军舰置警告于不顾，继续向前行驶。随即，长江之上炮火连天。片刻工夫，"紫石英"号中弹30余发。刚刚还神气十足的"紫石英"号慌忙扯起白旗告饶。

"紫石英"号事件让不可一世的西方列强第一次看到了中国人民强大的力量，也让程开甲第一次了解到中国共产党和中国人民解放军的民族立场。

新闻片放完后，程开甲心潮澎湃，很久以来积压在心头的民族自卑感一扫而光。之后，他开始悄悄地整点行装，做回国准备。

也就是这一年，程开甲获得爱丁堡大学哲学博士学位，成为英国皇家化学研究所的一名研究员。玻恩对程开甲的工作极为欣赏，两次与他谈话，要他把爱人与小孩带到英国来。程开甲认真听着，不做回答。此时，胡济民已先他回国。从胡济民的来信中，程开甲得知祖国在共产党的领导下，正在开展废墟上的建设，许多海外学子也已陆续回家。"祖国形势真的很好，国家有希望了！"胡济民在信中一次又一次地向程开甲传递着国内经济发展的情况。

程开甲要回国的决定让同学们知道了。一天晚饭时，几个英国学生一番好意，劝程开甲留下来，他们历数了中国种种的不好：中国穷，中国没饭吃，中国落后……程开甲听得很不舒服，最后他竟然拍着桌子对他们咆哮起来："中国穷，中国落后，中国没饭吃，比不上英国，但你们要知道这是今天，要看就看今后。OK！"程开甲对他的英国同学扔下几句话，气愤地离席而去。回忆起来，程开甲说，这是他在英国四年中第一次对英国人发大火，也是他感到最理直气壮的一次。

玻恩毕竟是长者，他完全能够理解自己这个学生报效祖国的急迫心情，尊重他的选择。回国前的一天晚上，玻恩对程开甲有一次语重心长的谈话，并关心地说："中国现在很苦，你回去会吃许多苦头，到了埃及多买些吃的带回去吧！"导师的关心让程开甲十分感动，但他没有采纳导师的建议。他知道国内很苦，但这是他心甘情愿的选择。在英国他除了给爱人买了一件皮大衣，其余买的全是书籍。

20世纪50年代的第一个盛夏,程开甲终于踏上了祖国的热土。

回到杭州,程开甲没有直接回家,而是直奔母校——浙江大学。浙江大学伸出热情的臂膀欢迎了他,安排他在物理系任副教授。

1952年院校调整,程开甲被调到南京大学物理系。他没有丝毫犹豫就搬了家。由于国内急需培养大量金属物理专业人才,程开甲与施士元一起创建南京大学金属物理教研室。为加快我国固体物理学理论人才的培养,程开甲还竭力主张把当时理论物理学的新成果、新方法应用于固体物理。在这期间,他还完成了专著《固体物理学》,此书1959年由高等教育出版社出版,填补了我国高等院校《固体物理学》教材的空白。

1956年,程开甲参与制定的"十二年科技规划"出台后,国防科技发展规划中提出的原子能技术被排在国家"十二年科技规划"12项重点任务前列。当时中国科学院原子能研究所所长钱三强为了推进原子能技术的发展,呼吁各省和各高校分别建立原子能研究所和核物理教研室。江苏省和南京大学回应呼吁,又一次将程开甲推向了这项工作的前台。程开甲只好将金属物理教研室交给他人,又去开拓一项全新的领域,组建核物理教研室。

组建核物理教研室后的第一项工作就是科研条件建设。程开甲带领几个年轻教师根据苏联学者发表的一篇论文,自己研制出了一台双聚焦 $\beta-$ 谱仪,运用它测量一些元素的电子衰变能谱,一举成功。这是南京大学第一台核子物理实验仪器。不久,一项特殊使命又一次改变了他的人生轨迹。

1960年，程开甲接到命令，去北京报到。不知道去干什么，也习惯了不多过问，程开甲第二天就启程了。去了那里以后，他才知道是去搞原子弹。就这样，程开甲进入了我国核武器研究行列。

10年内，几易岗位，数易专业，这对一个孜孜追求科学研究的科学家来说绝不是一件容易做到的事情，但程开甲做到了。当询问原因时，没想到他的回答仅是简简单单四个字："祖国需要。"

四、秘密使命

"原子弹就是那么大的东西，没有那东西，人家说你不算数。那么好吧，我们就搞一点吧！"1958年6月21日毛泽东在军委扩大会议上的讲话第一次道出了中国进行原子弹研究的被迫和无奈。

研制原子弹，把从国外回来的科学家集中起来！中共中央终于做出了果断决策。

1958年7月，核武器研究所在北京建立。所长李觉，副所长吴际霖、郭英会，在二机部领导下开始"招兵买马"。

1960年3月，程开甲由钱三强"点将"，经邓小平批准走进了核武器研究所，并被任命为第三位技术副所长。在此之前，另外两位技术副所长朱光亚和郭永怀已先期到达。

谈到自己走进核武器研究行列，程开甲讲述了一段颇为有趣的往事：

1949年，程开甲与玻恩一起在爱丁堡出席一次学术会议，从事美国原子弹内爆机理研究的福克斯也来了。福克斯也是玻恩的学生，所以玻恩将程开甲介绍给他，师兄弟第一次见面谈得甚为投机。当时美国政府正在怀疑有人将原子弹核心机密泄露给苏联人。福克斯在怀疑名单之列。尾随福克斯来到爱丁堡的美国特工看到福克斯与程开甲有接触，特别是了解到程开甲来自中国后，以为自己有了重大发现，竟然"天才"地将程开甲—中国共产党—红色苏联—福克斯—原子弹机密联系起来，并对程开甲展开调查跟踪。当然，美国特工后来查清，程开甲当时既不是中国共产党党员，也与原子弹机密没有任何瓜葛。事后，玻恩将这段离谱的插曲告诉程开甲，程开甲才猛然想起他在一段时间总感到背后有个"尾巴"。

历史竟是如此巧合。10年之后，程开甲的名字真的与中国共产党，与红色苏联，与原子弹联系了起来。

研制原子弹是一个崭新的课题，谁也不懂，大家都在学中干、干中学。初期的探索工作大致是按理论设计、爆轰物理、中子物理和放射化学、引爆控制系统、结构设计等几个方面进行的。朱光亚为技术总负责人，郭永怀和程开甲一人负责一个方面。程开甲分管状态方程理论研究和爆轰物理研究两大块工作。

1960年春节后，程开甲领着胡思得等一些青年科技人员，对爆轰产物的状态方程进行了探索。由于程开甲早在1958年南京大学时就发表过关于TFD模型方面的研究论文，于是，他就给这些青年人讲课，指导他们查阅国外文献。经过半年艰苦努力，他们终于第一次采取合理的TFD模型计算了原子弹化爆压缩中心产生的压力和温度，为原子弹的总体力学计算提供了依据。拿到程开甲他们计算出来的结果，郭永怀兴奋不已："老兄，你的高压状态方程可帮我们解决了一个大难题啊！"

在科学家们孜孜不倦的探索中，中国原子弹事业在 1962 年终于露出了希望的曙光。张爱萍、刘杰以二机部的名义向党中央、国务院正式报告，提出争取在 1964 年，最迟 1965 年上半年爆炸中国第一颗原子弹的"两年规划"，并很快得到了中央的批准。

1962 年初秋，张爱萍请钱三强等就试验问题提出意见。钱三强向张爱萍推荐，由程开甲出面牵头负责试验当中的有关技术问题。

程开甲又开局了，他和张超一同组建核武器试验研究所，由他全面负责核武器试验中的技术工作。人员到齐后，程开甲划分了 5 个研究室，分别对应力学、光学、核、电子和理论计算专业。之后为适应地下核试验工作的需要，又设立了第六研究室。事实证明，程开甲最初的这个划分完全符合客观需要，后来除把核物理和放射化学分为两个研究室以外，核武器试验研究所延续的仍是 1963 年的"程氏划分体制"。

程开甲组建核武器试验研究所后进行的第一项工作就是拟定我国第一颗原子弹爆炸试验方案。当时二机部九局有一个《关于第一种试验性产品国家试验项目与准备工作的初步建议》，程开甲、吕敏、陆祖荫、忻贤杰等在讨论中碰到的第一个问题就是第一颗原子弹采取何种方式爆炸，《初步建议》采用的是空投。

空投？飞机投掷？程开甲总觉得第一次核试验就用空爆方式有些不妥。他反复思考，终于写出了否定空投方案的三条理由：第一，空爆增加测试同步和瞄准上的困难，难以测量到原子弹爆炸时的各种效应；第二，保证投掷飞机安全的难度很大；第三，保密性也有问题。

否定空爆方式的理由充分，但新的方案是什么？经过反复论证，程开甲提出了"百米高塔爆炸方式"。1962年11月26日，程开甲主持起草的《国家第一种试验性产品试验技术方案》出台了，明确提出我国第一颗原子弹采用静态试验方式，将核装置放在百米高的铁塔上做爆炸试验的意见。该方案经钱三强审阅，转报国防科委，很快得到了批准。

为了确保第一次核试验成功，1963年秋，在程开甲主持下，核武器试验研究所利用工程兵在北京西郊的大型化爆试验场进行了模拟联试试验。试验成功之后，程开甲领着他的人员提前半年进入了核试验场罗布泊。

罗布泊，号称死亡之海。这里自然环境十分恶劣，曾经被人们描绘为"生命的禁区"。但在当时，程开甲他们根本没有时间去感受。

紧张的调试工作开始了，程开甲深入每一个角落、每一个现场，检查监督，不放过一个细微的问题，不放过一个细小的疑点。试验工作的组织领导是极其严密和有效的。按照中央专委指示，1964年8月23日，试验场区组成了首次核试验党委会和核试验委员会。核试验党委由35人组成，张爱萍任书记，程开甲等人任委员。核试验委员会由68人组成，张爱萍为主任委员，程开甲任副主任委员。

1964年10月14日19时20分，原子弹平稳、安全地吊上塔顶，在密闭工作间就位，安详地等待着"零"时的到来。

核试验是不可逆的一次性试验,它要求大部分测试仪器必须在自控状态下、在"零"时到来时开机工作,捕捉瞬间,获取数据。从原子弹吊上塔顶开始,程开甲就将心悬在半空中。1990年4月张蕴钰所写的一篇回忆文章《戈壁春雷——我国首次原子弹试验》中的一段话,对程开甲当时的心情刻画得非常形象。

10月16日"零"时前的上午,张蕴钰按照张爱萍总指挥的指示对全场进行最后一遍巡视。张蕴钰写道:"在返回途中我先到了主控站,在主控站的领导同志还有基地的邓易非和基地研究所副所长程开甲教授。程开甲是1950年从英国归来的学者,1948年他在爱丁堡大学获博士学位,这位基地最高级的专家和技术召集人是一位真正的老师。在试验各项准备工作就绪后,他曾不止一次地对我说:'它不能不响。'薄薄的嘴唇颤抖着,那样子像是对原子弹诅咒和祈祷。爆炸后,我又见到他——这个试验方案的制订者,并对他说:'这一回你是张飞的胡子'——满脸。"

"零"时终于到了。程开甲站在主控台,屏住呼吸。顷刻,惊雷般的巨响宣告中国第一颗原子弹试验成功。随着这声巨响,自动控制在瞬间启动上千台仪器,分秒不差地完成地爆和全部测试。程开甲长长地松了一口气。

当年法国人进行第一次核试验,测试仪器没有拿到任何数据,美国、英国、苏联也仅仅拿到了很少的一部分数据,而我们拿到了全部数据。这一了不起的成绩载入了当年周恩来总理所做的第三届全国人民代表大会政府工作报告中。

五、冲击空爆

中国第一颗原子弹在罗布泊爆响的消息，震惊了世界。

看到国际社会的强烈反应，程开甲会心地笑了。他摊开资料，思维迅速地集中到《空中核爆炸方案》上。

这是中国首次空爆核试验方案，意义非同小可。

所谓空爆试验就是指用飞机等运载工具将核装置投下，并将其控制在预定高度爆炸的一种核试验。中国第一颗原子弹采取的是百米高空塔爆方式，这种静态核装置试验的成功只能说我们已经掌握了核技术。如果说中国拥有了可供投入实战使用的核武器，就必须等待首次空爆试验的结果才能断言。

程开甲当然知道他正在做的工作的分量。也正因为这样，周恩来才专门为此指示："这次试验一定要准备好，要更周到、更细致、更妥善地全面做好安排，在效应试验上，要搞清楚在空中、地面各种条件下杀伤和破坏的威力半径。总之，凡是通过试验应该得到的数据和资料都要得到。中国反对核讹诈和核威胁，不主张搞几百次核试验，因此，我们的核试验都要从军事科学、技术的需要出发，做到一次试验，全面收效。"

核试验党委落实周恩来的指示，根据此次试验的特点，将第一颗原子弹试验时的"三保"（保响、保测、保安全）要求扩展成"八保"（保响、保投得准、保地面空中联得上、保测试、保回收、保证有足够的数据进行分析、保证资料储存和管理、保证安全的标准）。

从"三保"到"八保",内容多了,要求高了,技术复杂了,但所有这些,程开甲都必须把它们一一落实到方案中。好在第一颗原子弹试验的方案也是他做的,对于做这类方案,他已经有了一定基础和经验。程开甲抓住与第一次试验的不同之处,再抓住不同之处中的关键之点,很快理清了思路,形成了文字。方案报到中央专委,没多久就批下来了。

1965年5月14日,中国第一颗空投原子弹在罗布泊试验成功。当天《人民日报》发表公报:"这是中国人民加强国防、保卫祖国的又一重大成就。"

"原子弹要有,氢弹也要快。"1965年1月毛泽东做出指示后,二机部九院迅速调集力量,加快了氢弹的研究步伐。程开甲也将主要的精力转移到思考氢弹试验的有关技术问题上。

氢弹和原子弹是核武器中的系列产品,可它们的威力有着天壤之别。有人形象地比喻道:"原子弹只是氢弹的火柴头。"

产品不同,试验方法自然有别。问题是,在1966年4月国防科委组织的一次氢弹原理试验方式研讨会上,专家们的意见又十分一致:塔爆,而且铁塔就用首次原子弹试验时留下的备份铁塔。

氢弹原理试验采取塔爆的方式,专家们自然有他们的理由:一是考虑测试效应,二是为了节省费用。

会议结束后,有四个字、两个问号在程开甲的脑袋里放得大大的,像两个幽灵缠绕着他。它们是:"塔爆?安全?"

当量大、爆点低、沾染重,这是专家们都熟知的此次试验的三个突出特点。在这里,塔爆与安全显然是存在冲突的。解决这个问题是这次试验的技术关键。

怎样才能冲破现有铁塔高度和试验场地条件的局限,将核试验场区及下风附近地区的放射性沉降影响降到最低程度?程开甲将这个难题写在黑板上,一次又一次地组织研究所的科技人员讨论,一遍又一遍地领着他们反复计算。不知干了多少个白天黑夜,也不知做了多少次重复劳动和无效劳动,最终他们拿出了几条解决办法。

为了检验计算值的准确性,氢弹原理试验前,程开甲带领他的技术骨干用常规炸药做了一次化爆模拟试验。试验结果表明,采取上述措施相当于把现有铁塔加高 60 米,使放射性沉降减少三分之二。

石头落地了,幽灵飞跑了。试验前,程开甲拍着胸脯向领导保证:"安全问题唯我是问。"

1966 年 12 月 28 日,我国首次氢弹原理试验在罗布泊获得成功,中国成为继美、苏、英之后第四个掌握氢弹技术的国家。

就在试验场区人们互相祝贺的时候,程开甲紧张的神经还没有来得及松弛,又接了新的更加艰巨的试验任务:全当量空投氢弹。

这时,核武器试验研究所已经从北京通县搬到了红山。程开甲在罗布泊有了属于自己的固定的小屋,于是就在这个戈壁滩上长期住了下来。从 1964 年第一次进入号称"死亡之海"的罗布泊到 1984 年从罗布泊调回北京,程开甲在戈壁滩上扎根了整整 20 年。20 年中,他隐姓埋名。20 年中,他没有用程开甲的名字在外界的学术刊物上发表过一个文字。

根据中央专委原来的计划,我国空投全当量氢弹爆炸试验定在

1968 年进行。后来推测法国可能在 1967 年进行首次氢弹试验。这一刺激，激发了中国科学家们为祖国争光的强烈责任感，提出一定要赶在法国之前爆炸我国第一颗全当量氢弹。这样，第一颗空投氢弹试验的时间提前到了 1967 年上半年。

元旦过后，罗布泊核试验基地又忙碌了起来。忙碌的最初迹象就是程开甲黑白颠倒的不规律生活以及核试验研究所办公大楼彻夜不眠的灯火。为了准确地算出氢弹安全的爆炸高度，程开甲首先调集精兵强将，开始集智攻关。

爆高终于计算出来了，这个数字凝结了程开甲他们研究所许许多多科技工作者的心血。

安全问题一直是程开甲亲自抓的。在这次空爆试验中，程开甲提出了两个首创性意见：一个是火箭取样的新方法，另一个是投弹飞机飞行的新方向。

谈起第一个首创，程开甲讲了三个方面的因素：一是这时我们已经研制出了火箭，有条件；二是氢弹威力大，烟云高，取样飞机受到飞行高度的局限有可能取不回"干净"的样品；三是考虑取样飞机的飞行员剂量安全问题。

程开甲的这两个首创在当时影响很大。一方面它为我国首次氢弹空爆试验的圆满做出了贡献，为今后的氢弹试验的安全开辟了新方法；另一方面也使程开甲赢得了他人信任，以后只要听说安全问题已经程开甲把关，就不会再有人怀疑。

辛勤的劳动，获得的是成功的报偿和喜悦。1967 年 6 月 17 日，我国第一颗全当量氢弹空爆试验圆满成功。这次成功再次引起了一场不小的世界躁动。正如法新社6月18日电所说："中国人民爆炸热核炸弹所取得的惊人成就，再次使全世界专家感到吃惊，惊奇的是中国人取得这个成就的惊人速度。"

六、地下惊雷

在进行了一定数量的大气层核试验之后，尽快地将核试验从空中转入地下，既是军事保密和技术发展的需要，也是国际政治形势发展的要求。

地下核试验是指将核装置放在竖井或水平坑道中爆炸的核试验。这种核试验工程量大、周期长、投入多，且不便于进行百万吨级梯恩梯当量大威力的试验。所以，在中国需要不需要进行地下核试验这个问题上，人们的认识不尽一致。

程开甲是发展地下核试验的积极主张者、倡导者和推动者。当然，他知道地下核试验有它的不足，但他坚信地下核试验是中国未来核武器研制的必然走势和发展方向。

程开甲最早接触地下核试验方面的资料是在1963年夏天。

1963年7月25日，正当我国积极准备首次核试验时，美、英、苏三个核大国在莫斯科签订了《关于禁止在大气层、外层空间和水下进行核试验的条约》。这个条约的实质就在于防止中国获取核能力。中国政府当然不会理睬他们，一方面发表政府声明，揭露这一骗局，另一方面继续走自己的路。

棋是这样下，可涉及技术问题，周恩来还是想听听专家们怎么说。

一天，周恩来将李觉、吴际霖、朱光亚、王淦昌、郭永怀、彭桓武、程开甲等叫到中南海，一方面征求他们对此事的看法，另一方面向他们询问有关地下核试验的问题，如：什么是地爆？国外为什么要做地爆？他们从空中转入地下是政治问题还是技术问题？……

从总理办公室出来后，已被任命为核武器试验研究所副所长的程开甲一头扎进书房，钻进外文堆，开始了对地下核试验有关知识的研究。

随后，二机部和国防科委从正规途径也得到了中央专委的指示："在抓紧第一颗原子弹试验准备工作的同时，把地下核试验列为科研设计项目，并提出地下核试验的具体方案。"

任务名正言顺地落到了程开甲头上。

于是，程开甲亲自筹划，于1964年以核武器试验研究所技术人员为基础，调进丁浩然、宁培森等一些工程技术骨干，在他的直接领导下对地下核试验的试验方案、安全方案和控制测试等仪器设备进行了初步研究。

听说河北承德在搞铜矿的地下爆破开采，程开甲和董寿萃副所长等到实地去考察和测量。当炸药在矿洞里爆炸时，他们站在对面的山头上，一方面感受地下爆炸产生的震动效应，另一方面通过测试获得震动效应的各种数据。程开甲说："通过这次考察，我对地下核试验的效应有了初步认识，再结合理论和化爆等试验开展研究，拿出具体方案，把这个工作一步步完成。"到1964年，他的头脑中已经能够勾画出我国第一次地下核试验的基本图像了。对此，

张蕴钰写道:

　　程开甲教授在一张白纸上画出了一条通道,带个鱼钩形。他解释说,试验时原子弹放在钩部,爆炸时,动能在岩石中传播比在空气中要快,不等冲击波冲出坑道,岩石已经将通道封住,可以防止放射性物质污染坑道。这就是最初的、最原始的设计。基地的地下核试验准备工作从此就开始了。

随着探索的深入,地下核试验的有关技术难题都被弄清了。1965年12月底,经国防科委批准,程开甲在莫合尔山以西地区进行了第一次化爆试验。这次试验最主要的目的是检验安全方案是否可行,检验坑道的自封和回填堵塞技术,防止核爆炸产生的高压气体冲出坑道造成"放枪"或"冒顶"。时隔不久,又进行了第二次化爆试验。

　　一次次试验,一点点加深认识,一点点积累经验。1969年9月,程开甲他们终于得到了中央军委办事组和周恩来总理批准立即进行我国第一次地下核试验的消息。

　　听到这个消息,程开甲禁不住热血沸腾。这个决策对我国核武器研制和核试验事业的发展起了极大的推动作用,它为我国核试验方式由空中转入地下,直至最终向国际社会庄严承诺完全停止大气层核试验,跨出了具有决定性意义的第一步。

　　1969年9月23日0时15分,一阵剧烈的震动像波浪一样从莫合尔山传来，我国首次地下平洞核试验成功了。

地下核爆炸成功后，为了掌握地下核爆炸各方面的第一手材料，程开甲他们决定"深入虎穴"，进入地下爆心考察。

到原子弹爆心考察，在我国还是开天辟地第一次，其危险程度可想而知，但程开甲他们义无反顾。尤其是第二次地爆后，朱光亚和程开甲一起穿上防护服，戴上口罩、手套、安全帽，背着测试仪器，在刚刚开挖出来的直径只有 80 厘米的小管洞中匍匐爬行，两人最后进到爆炸形成的一个巨大空间。洞里温度很高，他们汗流浃背却丝毫没有退却。这次"深入虎穴"获得了大量数据，取得了我国地下核试验现象学的第一手资料。

用地下平洞方式进行核武器弹头试验，爆炸当量在 1 万—2 万吨还可以，但如果爆炸当量达到 5 万吨、10 万吨，再选高山平洞就不行了，不仅地形受限，工程作业也会被影响。美国、苏联早在 20 世纪 50 年代初期就已使用竖井方式进行核试验了。程开甲知道中国的核试武器也必然走这条道路，于是他又适时地提出了进行我国第一次竖井核试验的建议。

由于竖井核试验井区地下水位很高，排水十分困难，程开甲就迎难而上，研究设计了一套不排水的"全水位"试验方案，获得成功，这个方案成为以后竖井试验的基本方案。

1978 年 10 月 14 日，中国首次竖井地下核试验获得圆满成功。实践证明这种核试验方式具有很大的优越性。

随着地下核试验技术的日趋成熟，1980 年后我国已不再进行大气层核试验，试验方式全部转入地下。

事实证明，程开甲当年关于核试验方式由大气层向地下转变的正确主张，不仅解决了大气层试验无法解决的许多技术难题，使我国核武器事业避免了由于国际形势的发展而可能出现的被动局面，更重要的是为我国在国际政治和外交斗争中赢得了主动权。

从1962年筹建核武器试验研究所到1984年离开核试验基地共22年，程开甲一直主持和决策着我国核试验技术的全局工作。他筹划主持的30余次各种类型的核试验基本上达到了周总理提出的"稳妥可靠、万无一失"的要求。

1977年，程开甲被任命为我国核武器试验训练基地副司令员，同时兼核武器试验研究所所长。

1996年，与他相知相识、感情笃深的核试验基地老司令张蕴钰给程开甲写了一首诗：

核弹试验赖程君，电子层中做乾坤。
轻者上天为青天，重者下沉为黄地。
中华精神孕盘古，开天辟地代有人。
技术突破逢艰事，忘餐废寝苦创新。
戈壁寒暑成大器，众人尊敬我称师。

这就是程开甲，中国名副其实的"核司令"。

（作者：刘戟锋　熊杏林　曾华锋）

钱令希
与中国第一代核潜艇[1]

钱令希

(1916—2009)

---

[1] 中国科协老科学家学术成长资料采集工程项目"钱令希学术成长资料采集"(项目编号：CJGC2017-K-Q-SH01)。

1959年6月15日—7月22日，研究海军装备建设方针的中国人民解放军海军党委一届六次全会在大连举行。其间，应海军副政委苏振华之邀，中国科学院学部委员钱学森、钱令希到会讲授导弹、力学等现代科学知识，分析核动力和导弹武器出现后海上作战前景。之后，钱令希受命，带领他的研究团队参与了中国第一代核潜艇壳体结构设计等方面的研究工作，为中国核潜艇事业做出了重要贡献。

一、"09"工程"下马"期间的相关研究

1958年6月，国务院副总理聂荣臻元帅向党中央呈报了238号密件《关于开展研制导弹原子潜艇的报告》，开启了中国核潜艇的研制之路。核潜艇的研制代号开始为"07"，1960年1月改为"09"，后称为"09"工程。在随后的几年，"09"工程取得了一些进展，但在20世纪60年代初的经济困难时期，被迫暂缓（习惯上称"下马"），不过党中央还是批准保留一些核潜艇研究技术力量，继续从事一些关键项目的理论研究和科学实验。其中1961年6月组建的隶属于国防科学技术委员会、由海军具体管理的舰艇研究院（次年1月正式列入军队编制，番号为国防部第七研究院，简称"七院"）就是"下马"时期核潜艇的主要研究基地。

早在 1960 年，苏联全部撤走在中国的专家，带走重要设备、材料和关键资料。这样，海军无法按中苏 1959 年 2 月 4 日达成的"二四协定"生产计划中的舰艇，不得不集中国内技术力量，优先解决这项生产中的技术难点。当时，七院要编制一个常规潜艇设计规范，请几所高等院校参加。在报请国防科工委批准后，给钱令希领衔的大连工学院（1988 年改名为大连理工大学，以下均简称"大工"）研究组下达了"结合壳的稳定计算"的科研任务。壳体由于有曲率，较之杆、梁、板更难分析，壳开孔比板开孔更难计算。下达任务时，七院的技术人员给了钱令希一本苏联之前编制的规范，供他参考。钱令希认为关于结合壳稳定计算的内容陈旧，十分粗糙，没有参考价值，必须从理论研究入手，用实验验证。

钱令希和他的助手们对于圆柱壳开圆孔、椭圆孔和多开孔等困难问题，运用虚宗量的贝塞尔函数、汉克尔函数等特殊函数进行了分析，取得一系列近似解析解。在壳体稳定计算方面，针对实际应用性很强的锥柱结合壳，应用壳体的半无矩理论，在再结合边附近运用边界效应理论，然后利用最小势能原理，解决了结合壳的稳定分析问题。

钱令希和助手们通过研究给出相应的理论和算法，发表了一系列论文，其中第一篇论文是他撰写的于 1962 年 6 月发表在《力学学报》上的《关于壳体的极限承载能力》。该文采用能量法，结合壳体工作的特点，企图能够在一定程度上扩大研究壳体极限承载能力的范围。1962 年 10 月，钱令希在西安举行的"中国力学学会板壳理论学术讨论会"上宣读了论文《圆锥壳极限承载能力的实验和计算》，该文后发表在《大连工学院学刊》1963 年第 1 期、《力学学报》1963 年第 2 期。该文用理论计算和模型实验相结合的方法，研究了圆锥壳的极限承载能力。接着钱令希与周承倜、云大真又完成了"结合壳极限承载能力的实验和计算"的研究，据此先后完成了两篇论文：《截锥对称结合壳极限承载能力的实验和计算》和《锥筒结合壳极限承载能力的实验和计算》。

20 世纪 40 年代末以来，钱令希对能量理论的兴趣一直是很浓厚的，上述壳体极限承载能力的论文就是利用能量原理的概念和方法解决的。方法虽然实用，但他并不满足，他要把方法推向更一般化，具体成果就是他与钟万勰（1993 年当选为中国科学院学部委员/院士）合撰的论文《论固体力学中的极限分析并建议一个一般变分原理》。1963 年 8 月，该文在中国力学学会和大连工学院共同在大连举行的全国第一次"极限分析及塑性理论学术讨论会"上宣读，后于 1963 年 12 月在《力学学报》第 6 卷第 4 期上刊发。在文中，他们以假设的速度场和应力场彼此独立取变分，结果满足极限分析的全部方程，包括材料的塑性屈服条件，并给出了介于上限与下限承载能力之间的近似解。

之后，钱令希领衔的项目组又成功地解决了潜艇设计上的几个疑难问题，并据此发表了几篇论文，如与钟万勰合撰、于 1964 年 6 月发表的《以薄膜理论为基础的锥壳极限分析》，以"大连工学院固体力学研究室"为署名发表在《大连工学院学刊》1965 年第 3、4 期合刊上的《圆柱壳开孔问题——单圆孔基本解》。20 世纪 80 年代，主持编制了我国第一部《潜艇结构设计计算规则》。船舶结构力学专家徐秉汉（1997年当选为中国工程院院士）等对《圆柱壳开孔问题——单圆孔基本解》一文给予了高度的评价，他们说：

> 为导出圆柱壳开圆孔问题的解，即不受小孔限制的解，国内外众多的研究者作了许多有意义的工作……分析国内外业已发表的著作，作者认为我国著名力学家钱令希教授对圆柱壳开圆孔问题所作的工作更为详尽与系统。

二、非常时期"潜水耐压锥柱结合壳的强度和稳定性"的研究

1965年8月15日，中央专委召开第十三次会议，宣告"09"工程重新上马，并明确核潜艇研制分两步走："第一步先研制反潜鱼雷核潜艇，于1972年下水试航，第二步再搞弹道导弹核潜艇。"弹道导弹核潜艇，简单地说，相当于在鱼雷核潜艇上加一个容积和尺度都较大的导弹舱，而且其导弹发射筒有双排大开孔的导弹舱结构，这就构成了结构力学分析的复杂性和装焊工艺的难度。

在核潜艇的研制过程中，会遇到一系列的技术困难。由于此前我国只是按照苏联的设计资料和提供的设备，仿制了几型苏联转让的常规潜艇，没有自己设计过潜艇，更别说核潜艇了。当时缺乏潜艇设计的标准和规范，一切都要靠自己摸索解决。潜艇耐压壳体的设计，特别是潜艇耐压壳体锥柱结合壳的稳定性设计，计算也没有标准，也就是说无法判断所设计的耐压壳体在潜艇下潜到极限深度

时是否能保证潜艇的安全，如果锥柱结合壳体失去稳定性，将会造成艇毁人亡的大事故。这个问题对弹道导弹核潜艇更为重要，因为导弹舱的耐压壳直径要比其他舱室大很多，其过渡段的锥柱结合壳体的角度更大，对稳定性的影响更大。这是涉及潜艇下潜安全的大问题。这时钱令希带领的大工团队勇敢地接受了"潜水耐压锥柱结合壳的强度和稳定性"的研究任务。钱令希特别郑重地传达了任务，并成立了理论与实验两个研究组，任命钟万勰为理论和计算组组长，并且指示要用变分直接法进行探讨，而实验组由王希智负责。不久，钟万勰首先在理论与计算方面实现了突破。他找到了锥柱壳结合体失稳的不利形式，实验组也验证了该理论的结果。

就在该项研究课题有重大进展的时候，"文化大革命"开始了。钱令希被"造反派"当作批判资产阶级"反动学术权威"的头号靶子，关进大工西山学生宿舍区的"牛棚"。批判者找不出他的"反动"证据，便将他领导的研究组与另一位老师担纲的研究组所做的研究工作拿出来说事儿，讥讽为一个搞"壳上开孔"、一个搞"孔开在壳上"，试图以此来说明科学研究者之间存在"文人相轻"现象。

1967年夏天，"造反派"突然"转向社会"，大工校园内顿时宁静下来。钱令希立即抓住这个"可趁之机"，马上来到办公室。他的两个主要合作者钟万勰、裘春航也不约而同地来找他。于是钱令希领着这两位年轻人，马上摊开了几年来积累起来的资料，认真地分析和整理起来。在苦战一个盛暑后，8月23日，他们终于写好了十几份研究报告，捆扎好。钱令希由于没有行动自由，就将报告悄悄地交给大工组织部的一位姓姜的干事,寄了出去。他还把应该保留的资料寄存在那位干事的家里。就在研究报告寄出的第二天,大连市发生了大武斗,那些"造反派"回来了,钱令希的办公室和实验室又被贴上了一道道大封条。钱令希后来跟"09"工程办公室主任陈右铭讲起此事时说:"此乃天意!此乃天意呀!"这些研究成果终于保存下来了。对此,钟万勰后来回忆道:

> 沿着该方向开展理论分析,我很快就找到了壳体失稳的不利形式,实验组也验证了该理论结果。当时我们的办公室在二楼,而钱先生的办公室在三楼。在我获得该成果的那一天,我兴奋得两步并作一步赶上楼去向钱先生汇报。钱先生也非常高兴,连说:"交卷了,交卷了!"循科研惯例,我们写出了研究报告并由同事借助手编程序在一台真空管式电子计算机上算出了数值结果。当时已到了1966年,很快就开始了"文化大革命",各级领导忽然在短期内纷纷"倒台"。在一片"造反有理"的声浪中,我们也被搞得晕头转向,甚至于屡受冲击,无法继续工作。有道是"天生丽质难自弃",很快,钱先生和我不管外面吵闹,顶住压力,又不约而同地来到办公室继续将成果尽我们的可能初步整理了出来。

武斗后,钱令希又被造反派"控制起来",但想到还有一些草稿藏在自己家中书架与墙壁的夹缝中,而当时任何一个组织都可以随便抄家，钱令希恐怕有人再抄家时把这些草稿抄走，于是便把这个事情告诉"支左"的解放军。解放军立即找到一个军人家庭出身、与钱令希一家较熟的大工女学生孟淑华（1970年毕业后留校），要她去枫林街钱令希家把这些草稿取出来，以防他们所从事的国防相关研究材料泄密。为避免武斗升级而引起误会，解放军一律便装，用军车护送孟淑华去枫林街钱家。为防止意外，军车还不能停在钱令希家门口。孟淑华只能在附近下车，然后步行去钱家。她按照解放军的吩咐取出材料后，直接将其交给了解放军，并随着军车返回学校。武斗平息后，钱令希获得了相对的自由，解放军又把这些草稿还给了他。[1] 钱令希虽身处逆境，仍不忘这些研究计算时留下来的草稿，其国防保密意识之强可见一斑。

钱令希设法保存下来的这些研究报告，还有好多问题需要进一步探讨。但是不久，钟万勰被打成了"现行反革命"，关进了"牛棚"，罪名是他曾散布过一个"小道消息"；钱令希也受到牵连，被挂黑牌，不断地被批斗。但是，他们并没有完全退出科学阵地。对此，《光明日报》于1979年1月30日刊载的《"伯乐"和"千里马"之间》中写道：

> 钟万勰在被监禁的小屋里，背着"现行反革命"的沉重包袱，却在进行着另一种方式的顽强战斗。他没有纸，没有笔，没有参考书，也没有资料，只是用唯一可以自由

---

[1] 据孟淑华于2019年5月9日接受笔者采访的谈话。

支配的大脑向科学高峰继续攀登。在长期的力学研究当中，钟万勰锻炼出了一种很强的记忆力。他的大脑简直像一台精度很高的电影放映机，多年来的研究工作都可以像一部部的影片，随时重新放映出来。三年前，他找到了那个壳体的不利形式，现在，能否找到一种比较好的有利形式呢？他在大脑中一边放着电影，一边进行着理论推导。这个监禁"罪人"的小屋就成了他的工作室。不久，他弄到了一些纸张，高兴得不得，就更加勤奋地计算和书写起来。就这样，被监禁近一年，钟万勰写出了一篇题为《腰鼓形壳体的稳定性问题》的论文。

1968年9月，这时候对钟万勰的"监管"不那么严了。一天，在大工校园的路上，钱令希收到钟万勰偷偷塞给他的这篇论文稿纸条，回去后阅读，发现核潜艇核心难题已经被钟万勰攻破了。关于核潜艇的相关研究工作，钱令希在1970年的《工作汇报》中回忆说：

"09"（核潜艇）工程的耐压壳研究中，1962—1965年我和工学院同志建立了圆柱壳大开孔的理论计算方法。从国外美、苏、英文献上看，他们也在研究这问题，尚未成熟。我们的研究结论制成系列的图表之后，可为国防和民用工程服务。

三、"09"工程办公室主任陈右铭的举荐

1963年8月,后来被誉为"核潜元勋""核潜艇工程的'前沿指挥官'"、时任海军鱼雷快艇十六支队支队长陈右铭调任七院701研究所所长。陈右铭于1922年5月出生于湖北省武昌县一个贫苦的农民家庭。1938年,他参加中国共产党领导的"乡村抗日促进会"和武昌地区的抗日游击队。中华人民共和国成立后,陈右铭于1950年4月任湖北军区独立团团长兼长湖剿匪指挥部指挥长、中共长湖工作委员会书记,1952年1月任第二一二师第六三五团团长,同年7月随团整编进入海军,任西营基地筹建指挥部副指挥长、中南海军西营快艇大队大队长,1953年7月任第十一独立快艇大队大队长,1955年10月任鱼雷快艇十六支队支队长。陈右铭虽行伍出身,但好学上进,崇尚科技。1958年2月27日,《人民海军》报刊发长篇报道《乘长风破万里浪,向海军科学技术进军》,专门介绍陈右铭"苦学五年,外行变内行"的事迹。《人民海军》在发表上述报道时,还以陈右铭为典型,发表了题为《快马加鞭,向海军科学技术进军》的社论,号召海军广大官兵向他学习。钱令希当时承担七院下达的相关潜艇研究项目,因工作关系与陈右铭相识。后来,同陈右铭的接触逐渐增多,钱令希了解到只上过私塾的陈右铭不仅知识渊博,还有其他许多优点:反应灵敏、考虑周密、尊重人才、决策果断。因此,钱令希对陈右铭又是敬佩,又是尊重,后来和他成为终生的朋友。

1966年10月,陈右铭由701所所长调到七院分管科研工作,

同时兼任"09"工程办公室主任。其间,陈右铭有意请钱令希出马,让他参加审查核潜艇的结构设计工作。陈右铭之所以想到钱令希,不仅因为陈右铭任701所所长期间曾请教过他有关舰艇结构设计问题,更因为他曾帮助七院解决了海军装备的几个疑难问题。

"09"工程办公室的王德宝、仇世民参谋对陈右铭说:"请钱教授审查结构设计当然好,但他正被作为'反动学术权威'遭到批斗,恐怕不行。"在当时的条件下,要想请一位"反动学术权威"来参加绝密级的核潜艇工程,谁能做主呢?陈右铭想到了周总理。陈右铭利用向周总理汇报工作的机会,提出请钱令希参加审查核潜艇结构,并请他参加编写潜艇结构设计规范。周总理听后当即指示:你可以请他参加工作,但不要调他,他留在学校当教授培养干部作用更大。

从此,钱令希在那个自身难保的非常年代,得以继续参加核潜艇这项绝密的军事工程项目。其间,钱令希曾从大连来到位于辽宁锦西葫芦岛望海寺,当时负责第一艘核潜艇总体设计方案的七院719所就设在这里。从锦西到望海寺有30多里路程,钱令希穿着一件棉大衣,搭乘一辆大卡车来到719所,向潜艇结构设计人员详细了解设计情况和遇到的困难,探讨了耐压壳体直径变化可能的范围。该所的一位结构设计人员还向钱令希请教了潜艇主机基座设计中遇到的共振问题。因为他在计算主机基座的自振频率时恰好和主机的某一转速相同,害怕将来主机转动时会产生共振,影响主机的安全并产生过大的噪声。钱令希经分析后,认为问题不大,因为这一转速不是主机的主要转速,是过渡性的,因此不会影响主机的安全。后来经过在实艇上的测试，证明钱令希的判断完全正确。对此，他的女儿钱唐后来在纪念父亲百年冥诞的文章中写道：

> "文革"初期，核潜艇研制完全陷入了瘫痪。为此，"09"工程（即核潜艇工程）办公室主任陈右铭来大连，传达了周总理点名父亲参加这项工程的指示。记得一个寒冷的冬天，收到父亲的来信，我向生产队请了假（当时钱唐是作为知青插队落户在辽宁北票县——编者注），坐火车到了葫芦岛，亲眼看到父亲带领团队夜以继日、呕心沥血地工作。父亲不仅解决了技术难题，而且还和团队研究计算出了我国第一代核潜艇关键技术数据，完成了潜艇结构的强度计算规则。此成果后来纳入国家设计规范，以这些成果写成的一篇题为《潜水耐压的锥柱结合壳的强度和稳定性》的学术论文，也获得了国家自然科学奖。

陈右铭还推荐钱令希成功解决我国第一艘核潜艇的一个核动力装置问题。1970年夏，哈尔滨电机厂和沈阳水泵厂设计制造出第一台用于第一艘核潜艇的"09"主泵样机。但在进行主泵样机试验时，出现了泄漏现象。为了消除这种泄漏现象，厂家的工程师们连续奋战了七个昼夜，方案提了一个又一个，试验进行了一次又一次，都没有成功。为此，中国科学院学部委员、第一机械工业部沈鸿副部长，核动力装置系统总设计师彭士禄都亲自去了沈阳水泵厂，但对主泵专门防止冷却水外泄用的屏蔽套出现皱纹的原因均下不了结论、拍不了板，只好另请专家来鉴定。彭士禄打通了北京陈右铭的电话。

陈右铭曾任七院701所所长，当时是七院分管科研工作的副院长、"09"工程领导小组成员兼办公室主任和造船领导小组办公室第一副主任。因此，陈右铭对屏蔽套的作用和要求是熟悉的。它的厚度很薄，究竟可靠不可靠，不弄清楚，谁也不放心。自己不懂，只有另请高明。请哪位专家去鉴定呢？陈右铭这些年接触各种专家的机会多，结识了不少著名专家。他想，鉴定屏蔽套，要从结构力学入手，应该请一位对结构力学有造诣的专家。于是，陈右铭向他们推荐了老朋友钱令希教授，并亲赴大工找钱令希。老朋友相见，几句寒暄之后，陈右铭便告诉他此行的目的。钱令希告诉陈右铭，"造反派"很快就要向钱采取新的行动：在图书馆搞了一个什么展览，列了许多罪状，还画了丑化钱的漫画，并已通知他，就在今天下午要他自己去当解说员。陈右铭又同钱令希交谈了几句，转身就往军管会走去。陈右铭一见到军管会主任就传达了周总理的指示，然后提出："把钱令希的办公室让出来，给他一个保险柜，装核潜艇的研究资料，让他继续搞研究工作。谁要是抄了他的资料，干扰了他的研究工作，是要追究责任的！"军管会主任说："你对我说，我相信，可是我怎么向群众说呢？你最好给我一个文件或书信。"陈右铭回答："我来得很匆忙，没有想到写信，你可以把我的话向群众传达，错了我负责。"这时，陈右铭又想起周总理曾经同意他请钱令希参加审查核潜艇结构和编写潜艇结构设计规范的事情，便补充说："他们如果不相信，可以直接打电话问总理办公室。"最后，军管会同意陈右铭的要求放人。钱令希一接到通知，立即收拾行李，登上了去沈阳的列车。钱令希一到达沈阳就立即参加了攻关小组，跟沈阳水泵厂和哈尔滨电机厂的技术人员和工人在一起奋战，来回于哈尔滨和沈阳两地，常常工作到深夜，最后才弄清了皱纹产生的原因，采取了必要的措施，把问题解决了。为此，哈尔滨电机厂高度评价了钱令希的此举，还给大工发去一封感谢信，信中写道："你单位钱令希同志在参加攻关组解决我厂生产的一项军品技术关键中……弄清了问题，查明了原因，对今后我厂生产和改进设计提供了经验。为此我厂对你单位的大力协同精神表示感谢，并望你单位对钱令希同志予以表扬。"

1970 年 12 月 26 日，中国第一艘核潜艇胜利下水，成为继美、苏、英、法后，世界上第五个拥有核潜艇的国家。1971 年，钱令希又帮助"09"工程某研究小组进行第一艘核潜艇声呐罩（壳体）的受力计算。研究小组根据中央专委的要求提出一个课题：在水下一定深度，潜艇航速 ×× 节、水流速 ×× 节、在正前方 ×× 距离，有 M 当量核弹爆炸时的声呐罩（壳体）受力计算。当时，钱令希欣然接受七院 760 试验场主任姜明九和参加该项目的邹丕盛的受力计算邀请。邹丕盛后来对此回忆说："那时我们小组下达科研费 100 万元人民币（陈雁生科长做的预算）。他穿着一件褪色的蓝棉袄，后穿一件褪色的黄条绒上衣，与我们一起去旅顺登爬过潜艇，去小平岛考察过潜艇，去大连港码头登过水面试验舰艇，去 4180 厂与我们一起糊制声呐罩，在 760 试验场观看指导我们码头试验。先后三个多月连轴转，用两周时间给了我们一份共 7 页纸的潜艇壳体受力计算。帮助我们工作过程中,还带领我们一起去看帮助农村建立水库堤坝的计算,去大连造船厂讲解水面舰船受力估算⋯⋯实验后特向国务院'09'办做了汇报,大家的心才落下来⋯⋯他的计算为第一代核潜艇、导弹驱逐舰、远洋考察船、航天器、深潜器等的计算奠定了基础,可导出这种物体受力在海水介质中、空气介质中、真空中受力计算的思路和方法⋯⋯为工程结构优化开拓了光辉之路。"

四、倾注心血的"726课题"

1970年7月,钱令希成功地解决了核潜艇主循环水泵电机屏蔽套鼓泡破裂而气体泄漏的问题,哈尔滨电机厂为此发来的感谢信也许是他在"文革"期间彻底"解放"的转机,他于当年成为大工"三结合"中革命的知识分子代表。这样,他便可全力继续"09"工程的相关课题研究了。

1972年6月,由七院702所牵头、国内10多家研究单位参与的编制我国潜艇结构设计规则课题(简称726课题)启动,钱令希指导的大工研究组负责圆锥壳和锥柱结合壳这两章的规则编制与相应的研究工作。钟万勰因为政治问题不再参与研究。于是,钱令希指导邓可顺、陈浩然等研究组成员,在钟万勰、裘春航等之前有关核潜艇研究的基础上开始工作。钱令希对此项课题倾注了大量心血,甚至为按时完成规则的编制,还亲自起草规则的条文初稿。对此,邓可顺回忆道:

1975年"726课题"苏州会议决定,年底课题各参加单位要完成各自负责章节规则条文初稿。起初系里决定派组内一位老师10月份去无锡702所参加编写初稿工作,后因身体原因没去成。钱先生始终牵挂着这件事。"726课题"由国内10多家研究单位参与,相互之间关系密切,各单位不能低头看路,自己编写自己所承担的章节。潜艇耐压壳主要是由圆柱壳、圆锥壳和锥柱壳等组成的整体,按分工,圆柱壳舱段规则编写单位是702所,后两部分的编写由大工完成。为了叙述方便,不妨暂时将这三部分的标题定为第一章圆柱壳、第二章圆锥壳和第三章锥柱结合壳。其中第一章将给出整本规则条文编写的基调,第二章和第三章和它的关联尤其密切,包括编写章节的标题、内容、格式、公式编号、验算标准等都要统一步调,还有一些其他章节也需引用的一些图和表等。因此第一章的初稿很关键。但当时我们没有收到第一章的初稿,怎么办?工作紧迫,钱先生就说:"我们先把架子搭起来,看还缺什么,再补做工作。"为此,11月下旬,他组织我们展开条文编写工作,并亲手撰写了这三章的条文初稿,其中第一章不是我们承担的工作,但没有它,第二、三章的初稿就没法下笔。钱先生再三强调,不坚持我们的意见,仅供702所同行参考,正式的还是要用702所的初稿。

1975年11月底,钱令希起草的《潜艇结构设计计算规则》第一至第三章的条文建议初稿得以完成。

为了编写正式的条文,钱令希与邓可顺还有一趟"北京—无锡"之行。1975年12月3日,他们从大连出发,次日抵达北京。当天,他们就去了七院找武杰研究员进行沟通。第二天,七院副院长、"09"工程办公室主任陈右铭接见了他们,并派武杰和他们一起去无锡与702所协调工作。之后几天,他们和武杰讨论钱令希撰写的建议初稿。12月11日,他们抵达无锡702所,在武杰的参与下开展工作。702所的参加人员有室主任徐秉汉、科长侯维廉、王作玉、童华兴、李传唐等。钱令希始终以普通一员的身份参与其中。白天对规则的条文细节、验算公式、验算标准以及说明部分等进行深入细致的讨论和争论,晚上他们就改写大工负责的条文。经过三天的紧张工作,进展顺利。大家达成共识,他们这次先拿出一个讨论稿,送各承担任务的单位参照写出自己的初稿,限期交到702所,由702所汇总后开会初审。初步定于1976年4—5月召开《潜艇结构设计计算规则》第一次审查会。钱令希他们这次"北京—无锡"之行,对规则的编写进程起到了一定的促进作用。

1975年年底该项课题基本完成,1979年又进行修改。该项课题取得的主要研究成果为:(1)建立了均匀外压作用下加肋锥柱结合壳总体弹性稳定性分析理论和计算方法及其电子计算机程序。(2)对于凹式结合壳,在理论上发现了一种不利的几何形式。模型实验证实凹式结合壳的总体尺寸如果符合这个不利形式,临界压力将显著降低,设计中应予避免。这个关于结合壳不利形式的理论问题有其重要的实际意义,在此之前国内外还没有研究和发现过。(3)对于微凸的柱形壳体,建立了半弯矩理论的稳定性,然后转化为一个变分问题,求得了最优外形,可以提高耐压能力。(4)用塑性极限分析的理论和实验验证,建立了结合局部强度的计算方法和相应的公式。(5)进行了 21 个加肋锥柱结合壳的精车模型实验。实验结果与上述理论结果基本符合。

上述研究成果经七院和船舶标准化委员会审定通过,并被纳入《潜艇结构设计计算规则》,供设计使用,为核潜艇的成功研制立下汗马功劳。1978 年,在六机部的规范成果鉴定会上,该成果被评为一等奖,其理论分析部分被认为达到国际较先进的水平。

2009 年 4 月 24 日,中国工程院首批院士、曾任 702 所所长的吴有生(1942—)得知钱令希逝世的消息后,在给钱令希的学生、中国科学院院士程耿东的信中,除表达哀思之外,还盛赞钱令希为中国海军装备技术进步所做出的贡献。他写道:

> 出差归来,得知钱令希先生故去,万分悲痛!钱先生开辟了我国和世界力学发展的一片天地,也树立了工程科学的一座丰碑。他是我心目中最尊敬的长辈、老师,也是我们研究所的顾问。老一辈的力学界大师、工程界巨匠一位位离我们而去。他们能在高寿之年见到国力强盛、在世界上有了祖辈代代盼望的地位,一定倍感欣慰。昨天海军建军 60 周年的中外舰船的盛大阅兵式在青岛举行,胡锦涛主席所检阅的雄壮的中国海军舰艇队体现了中国海军装备

技术的巨大进步。这中间有钱老历史上所做出的一份贡献，对此，造船界的同仁们会永记于心。

五、结语

1974年8月1日，中央军委发布命令，将我国第一艘核潜艇命名为"长征一号"，正式编入海军战斗序列。我国在研制鱼雷核潜艇的同时，也开始了导弹核潜艇的研制工作。1970年9月25日，我国第一艘弹道导弹核潜艇正式开工建造；1981年4月30日，中国第一艘弹道导弹核潜艇下水；1983年8月25日，中国第一艘弹道导弹核潜艇交付海军。1988年9月，弹道导弹核潜艇圆满完成水下发射潜地导弹的试验，实现了持续30年的中国弹道导弹核潜艇之梦，使核潜艇成为中国海军真正意义上的隐蔽的核威慑与核反击力量，人民海军也由此成为一支真正的战略性军种。中国第一代核潜艇"凝聚着千千万万个科学家、干部、工人、水兵为之付出的心血"，钱令希就是这千千万万人之一，正是他们"智慧'裂变'产生的巨大能量，才闯过了核潜艇研制中的重重难关"。

1978年3月，钱令希因核潜艇相关研究等成果获全国科学大会奖。1982年7月，该项工作成果之一的"潜水耐压锥柱结合壳的强度和稳定性"荣获国家自然科学三等奖，这是距1957年颁发第一次科学奖金（自然科学部分）后，中华人民共和国第二次自然科学奖的125项获奖项目之一。1985年10月，"核潜艇的研究设计"获首届国家科技进步特等奖，钱令希领衔完成的核潜艇相关研究成果之一《潜艇结构设计计算规则》获首届国家科学技术进步三等奖，1996年11月又获中国人民解放军国防科学技术工业委员会"国防科工委级军用标准化科技进步三等奖"。钱令希院士对中国第一代核潜艇研制所做出的贡献永载史册，更应为后世所铭记和景仰。

（作者：王细荣）

参考资料

钱三强　中国原子能事业的一座丰碑

[1] 葛能全. 钱三强年谱[M]. 济南:山东友谊出版社,2002.

[2] 北京出版社. 科学的春天[M]. 北京:北京出版社,1979.

[3] 王春江. 裂变之光——记钱三强[M]. 北京:中国青年出版社,1990.

[4] 王渝生. 中国科学家群体的崛起[M]. 济南:山东科学技术出版社,1995.

[5] 李政道. 科学技术的快速发展需要杰出的科技帅才——有感于朱光亚在中国"两弹"事业中的贡献[N]. 光明日报,2004-12-23(3).

[6] 《当代中国》丛书编辑部. 当代中国的国防科技事业[M]. 北京:当代中国出版社,1992.

[7] 彭继超,伍献军. 中国两弹一星实录[M]. 北京:解放军文艺出版社,2000.

[8] 陈恒六. 原子弹是怎样产生的?[J]. 大自然探索,1986(1):169-176.

[9] 钱三强. 科坛漫话[M]. 北京:知识出版社,1984.

[10] 杨振宁,杨建邺. 杨振宁文录:一位科学大师看人和这个世界[M]. 海口:海南出版社,2002.

[11] 钱三强,葛能全. 徜徉原子空间[M]. 天津:百花文艺出版社,2000.

张贻惠　中国近代物理学家

[1] 陈毓芳. 物理学家张贻惠[M]//王淑芳,邵红英. 师范之光:北京师范大学百杰人物. 北京:北京师范大学出版社,2002.

[2] 陈毓芳. 张贻惠(1886—1946)[M]//中国科学技术协会. 中国科学技术专家传略　理学编　物理学卷1. 石家庄:河北教育出版社,1996.

[3] 王士平.中国物理学会史[M].上海:上海交通大学出版社,2008.
[4] 北京师范大学校史编写组.北京师范大学校史[M].2版.北京:北京师范大学出版社,1984.
[5] 李永森,姚远,西北大学校史编纂委员会.西北大学史稿 上卷(1902—1949)[M].修订本.西安:西北大学出版社,2002.
[6] 闻黎明.1921年清华学生"同情罢考"事件[J].百年潮,2003(4):51-57.
[7] 戴念祖.我国第一个物理学博士李复几[J].中国科技史料,1990(4):32-36.
[8] 马祖圣.历年出国/回国科技人员总览(1840~1949)[M].北京:社会科学文献出版社,2007.
[9] 赵弘毅,程玲华.西北大学大事记[M].西安:西北大学出版社,2002.
[10] 李艳平,王贞.朗之万在中国[J].自然辩证法通讯,2009(3):72-78,112.
[11] 茜蘋.学人访问记[N].世界日报,1935-02-20(7).
[12] 靳斯.宇宙及其进化[M].张贻惠,译.北平:震亚书局,1932.

束星北　才华横溢的理论物理学家

[1] 李政道致束星北的信,1972年10月14日.
[2] 汉斯·玻尔.尼耳斯·玻尔教授在中国[J].中国科技史料,1990(2):88-96.
[3] 束星北致李政道复信,1972年10月20日.
[4] 邗江县政协文史委员会.物理学家束星北——纪念束星北先生逝世十周年[M].中国人民政治协商会议邗江县委员会文史资料委员会,1993.

王淦昌　当代中国杰出的物理学家

[1]《王淦昌论文选集》编辑委员会.王淦昌论文选集[G].北京:科学出版社,1987.
[2] 王淦昌.各种基子之发现及其性能[J].科学世界,1947(8-9):233-302.

[3] 胡济民,许良英,汪容,等. 王淦昌和他的科学贡献[M]. 北京:科学出版社, 1987.

[4] 核工业部神剑分会. 秘密历程——记我国第一颗原子弹的诞生[M]. 北京: 原子能出版社,1985.

[5] 王淦昌,连培生,康力新,等. 核能[M]//吴仲华,等. 从能源科学技术看能源危机的出路. 北京:知识出版社,1980.

郭永怀　中国卓越的力学家

[1] 李家春,戴世强. 郭永怀传略[J]. 中国科技史料,1985 (1):42-51.

[2] 国立北京大学民国二十四年(1935)六月各系毕业生清册,北京大学档案馆档案.

[3] 林家翘先生给笔者的来信.

[4] 郭永怀. 激波的介绍[J]. 物理通报,1958 (5):257-262.

[5] 中国力学学会,中国科学院力学研究所. 郭永怀文集[G]. 北京:科学出版社, 1982.

[6] 张德华,等. 中国科学院力学研究所空气动力学研究简史[M]. 北京:力学研究所,1986.

[7] 郑哲敏. 在中国科学院力学研究所成立30周年纪念大会上的讲话. 1986.

[8]《中国科学家辞典》编委会. 中国科学家辞典(现代第一分册)[M]. 济南:山东科学技术出版社,1982.

[9] 郭永怀档案材料. 中国科学院力学研究所档案[A].

[10] 郭永怀. 在关于苏联发射成功第一颗人造卫星座谈会上的发言记录. 中国科学院,1957.

[11]《当代中国》丛书编辑部. 当代中国的航天事业[M]. 北京:中国社会科学出版社,1986.

[12] 郭永怀. 宇宙飞船的回地问题[G]//中国科学院新技术局. 星际航行科技资

料汇编(第一集).北京:科学出版社,1965.
[13] 黄志澄.哥廷根学派与我国空气动力学的发展[J].力学进展,1983 (4):395-401.
[14] 核工业部神剑分会.秘密历程——记我国第一颗原子弹的诞生[M].北京:原子能出版社,1985.

卢鹤绂　在核能领域中的卓越贡献

[1] 吴水清,卢嘉.卢鹤绂年表[M].北京:机械工业出版社,1997.
[2] 罗素.人类的知识——其范围与限度[M].张金言,译.北京:商务印书馆,1983.
[3] 吴水清.卢鹤绂[J].科学画报,1999,11:29.
[4] 卢鹤绂.揭示原子弹的秘密[N].上海科技报,1995-08-30.
[5] 子青.揭露原子弹秘密的第一人——卢鹤绂与原子弹秘密[N].新晚报（香港）,1993.
[6] 汤家镛,陆全康.怀念导师卢鹤绂院士——纪念卢鹤绂先生逝世两周年[J].自然杂志,1998 (6):349-352.
[7] 吴水清.中国核能之父卢鹤绂[M].北京:中国大百科全书出版社,2001.
[8] 中国科学院学部联合办公室.中国科学院院士自述[M].上海:上海教育出版社,1996.
[9] 卢鹤绂.往事回忆[J].现代物理知识,1991 (6):18-20.
[10] 钱三强.中国原子核科学发展的片段回忆[N].人民日报（海外版）,1990-11-06.

程开甲　中国的"核司令"

[1]《当代中国》丛书编辑部.当代中国的国防科技事业[M].北京:当代中国出版社,1992.

[2] 邓力群,等.当代中国的核工业[M].北京:当代中国出版社,1992.

[3] 解放军总装备部政治部.两弹一星——共和国丰碑[M].北京:九州出版社,2000.

[4] 张蕴钰.初征路[M].北京:国防工业出版社,1996.

[5] 李颖.百年外交纵横[M].北京:中国经济出版社,2000.

[6] 浙江大学校史编写组.浙江大学简史(第一、二卷)[M].杭州:浙江大学出版社,1996.

[7] 科学时报社.请历史记住他们——中国科学家与"两弹一星"[M].广州:暨南大学出版社,1999.

[8] 顾德欣,牛永军.核幽灵的震荡——二十世纪核问题回顾与思考[M].北京:国防大学出版社,1999.

钱令希　与中国第一代核潜艇

[1] 陈右铭.万里烽火·千里波涛[M].香港:炎黄文化出版社,2002.

[2] 钱令希.关于壳体的极限承载能力[J].力学学报,1962(2):67-100.

[3] 杨连新.见证中国核潜艇[M].北京:海洋出版社,2013.

[4] 钱凌白.钱令希院士和我国第一代核潜艇[M]//钱志仁,钱维均.兄弟院士钱临照、钱令希家传:纪念兄弟院士钱临照、钱令希诞辰110、100周年.无锡:无锡名人文化研究院,无锡市吴文化研究会,2016.

[5] 王续琨.祥和的长者　谦和的学者——写在钱先生逝世五周年之际[N].大连理工大学报,2014-04-16(4).

[6] 钱令希.工作汇报[Z].1970.

[7] 钱唐.一本我永远读不完的书——献给父亲钱令希院士的百年冥诞[N].大连理工大学报,2016.

人名对照表

（按外文姓氏的首字母排序）

A

阿伦——J. S. Allen

B

巴索夫——Николай Геннадиевич Басов
贝克——H. Becker
贝特——Hans Albrecht Bethe
伯克霍夫——George David Birkhoff
玻登斯坦——Max Bodenstein
玻恩——Max Born
玻特——Walther Bothe
布莱特
　　——Grigory Alfredovich Breit-Shneider

C

卡文迪许——Henry Cavendish
查德威克——James Chadwick
张伯伦——Owen Chamberlain
克利福德——William Kingdon Clifford
克兰——H. R. Crane

D

C. G. 达尔文——Charles Galton Darwin
戴维斯——Raymond Davis
德拜——Peter Joseph Wilhelm Debye
戴奥特哈——Define Deodhar
狄拉克——Paul Adrien Maurice Dirac

E

爱丁顿——Arthur Stanley Eddington
爱因斯坦——Albert Einstein
艾利斯——C. D. Ellis
埃尔斯特——Julius Elster

F

赫尔曼——Richard Phillips Fermann
费米——Enrico Fermi
弗兰克——James Franck
福克——V. A. Fock

G

加加林——Yuri Alekseyevich Gagarin

盖泰耳——H. F. Geitel
格罗夫斯——Leslie Richard Groves

H
哈恩——Otto Hahn
哈尔彭——Paul Halpern
赫尔维茨——B. Haurwitz
海特勒——Walter Heinrich Heitler
希伯特——Erwin N. Hiebert

I
伊凡宁柯——Dimitri Iwanenko

J
杨诺赫——F. A. Janduch
金斯——James Hopwood Jeans
约里奥·居里夫妇
　　——Frederic Joliot-Curie，
　　　Irene Joliot-Curie

K
坎特罗维茨——Arthur Kantrowitz
卡门——Theodore von Kármán
克勒——Köhler
克斯特斯——Kösters

L
兰姆——Willis Eugene Lamb
朗之万——Paul Langevin
劳厄——Max von Laue
莱特希尔——James Lighthill
林德斯泰特——Anders Lindstedt
洛伦兹——Hendrik Antoon Lorentz
利普曼——H. W. Liepmann

M
麦克斯韦——James Clerk Maxwell
迈特纳——Lise Meitner
米西斯——Von Mises

N
诺特海姆——Nordheim

O
奥本海默——Julius Robert Oppenheimer

P
泡利——Wolfgang Pauli
彼得逊——S. Petterssen
庞加莱——Jules Henri Poincaré
普朗特——Ludwig Prandtl

R

黎曼——Georg Friedrich Bernhard Riemann

里特尔——A. Ritter

罗德巴克——G. W. Rodeback

罗斯福——F. D. Roosevelt

罗斯贝——C. -G. Rossby

卢瑟福——E. Rutherford

斯特罗伊克——Dirk Jan Struik

辛吉——J. L. Synge

西拉德——Leo Szilard

V

瓦伊迪亚——P. C. Vaidya

巴利亚塔——M. S. Vallarta

S

薛定谔——Erwin Schrödinger

史瓦西——Karl Schwarzschild

西尔斯——W. R. Sears

塞格雷——Emilio Gino Segrè

施特拉斯曼——Friedrich Strassman

W

韦斯科夫——Victor Frederik Weisskopf

外尔——Hermann Weyl

惠勒——John Archibald Wheeler

惠特克——E. T. Whittaker